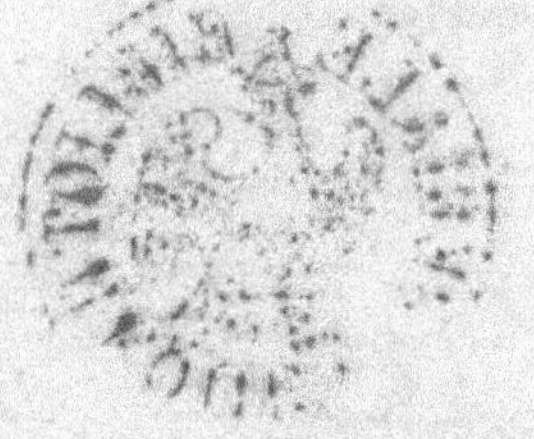

ESSAI

SUR LES MONTRES

A

RÉPÉTITION,

Dans lequel on traite toutes les parties qui ont rapport à cet art, en forme de dialogue, à l'usage des horlogers ;

Par François CRESPE, de Genève.

Approuvé par la Société pour l'avancement des arts de Genève.

A GENÈVE,

Chez J. J. Paschoud, Libraire,

An XII. — 1804.

ESSAI

SUR LES MONTRES

A

RÉPÉTITION.

EXTRAIT

*Des Régistres de la Société
établie à Genève pour l'avancement des Arts, du 11 Fructidor
An XI.*

Les Commissaires nommés par le
Comité de méchanique de la Société des Arts, pour examiner un
Manuscrit de Monsieur Cresp,
horloger, intitulé : *Essai sur les
montres à répétition* ; ont trouvé
que cet Ouvrage renferme l'expo-
sition complette des principes de
la construction des montres à
répétition, et que mis entre les mains
des Ouvriers, il contribuera à abréger et à assurer leur apprentissage ;
tous les termes de l'art, tels qu'ils
sont connus dans la fabrique de
Genève y sont employés, et ses

descriptions sont aussi claires qu'elles peuvent l'être.

La commission croit que la publication de ce livre, sorti des presses de Genève, contribuera à affermir le crédit et la réputation de la fabrique de Genève, circonstance plus essentielle actuellement qu'elle ne l'ait jamais été.

17 Messidor, An XI.

Signés, M. A. PICTET.
Pour la Commission.

MAURICE, *Secrétaire.*

PRÉFACE.

L'HORLOGERIE , traitée avec toutes les lumières nécessaires pour sa perfection , ou même telle qu'elle subsiste aujourd'hui entre les mains de nos plus habiles artistes , va sans doute de pair avec les arts les plus distingués et les plus utiles.

'Tout ce que la théorie et le raisonnement ont de plus relevé, tout ce que l'exécution et la pratique ont de plus fin et de plus délicat , se trouve réuni dans l'horlogerie; c'est elle qui nous présente les chefs-d'œuvres les plus surprenans de l'adresse des hommes ; c'est par elle que les actions les plus importantes de la vie sont réglées. L'on peut dire enfin que l'ordre et la multitude de nos affaires , de nos devoirs , de nos amusemens , notre exactitude dans les uns , notre inconstance dans les autres, notre habitude enfin , nous ont rendu l'horlogerie indispensable, et l'ont mise au nombre des besoins réels de la vie.

Il n'y a personne qui ne convienne qu'on ne soit très redevable aux modernes de leur application à la mécanique , et des peines qu'ils se sont donné pour faire de nouvelles découvertes dans les arts et les sciences que les anciens avoient ignorés, surtout dans l'horlogerie que l'on perfectionne tous les jours pour l'avantage du public qui en reçoit mille commodités : mais parmi toutes les additions qu'on y a faites , il n'en est point de plus ingénieuse et de plus utile, que celle de la répétition par la quadrature, au moyen de laquelle on peut savoir à chaque instant du jour et de la nuit les heures, les quarts et les demi-quarts, même les personnes privées de la vue et de l'ouïe, peuvent y suppléer par un simple attouchement.

Rien ne paroît donc plus important que de chercher les moyens, non-seulement de conserver cet art, mais encore de le porter à sa perfection. Les combinaisons et les expériences qui restent à faire dans cette vaste partie, sont d'une assez grande importance pour devoir encourager les plus habiles artistes à y concourir par de nouvelles productions.

Plusieurs savans traités ont été faits sur l'horlogerie, et si l'on doit beaucoup aux savans auteurs de ces belles productions, il faut convenir aussi qu'ils n'ont écrit que pour ceux qui sont déjà suffisamment instruits pour les comprendre; que la classe la plus nombreuse des ouvriers, celle qui a besoin d'instruction, ne peut faire aucun usage de leurs livres, et que sur cent, à peine y en a-t-il un qui s'en serve.

Ils n'ont parlé d'ailleurs de la quadrature que d'une manière historique et peu utile pour la main-d'œuvre ; cette partie scientifique de l'horlogerie, qui caractérise les vrais horlogers, et sans laquelle on ne peut parvenir à la perfection, se trouve trop négligée, et entre les mains d'un grand nombre d'ouvriers sans principes, éloignés même des fabriques. Il en résulte que ceux qui les achèvent, ne trouvent pas des moyens suffisans pour s'en instruire, et sont obligés de faire de grands sacrifices, ou d'employer des ressources destructives pour subvenir à leur ignorance.

Depuis long-tems on sentoit la nécessité d'avoir des principes raisonnés sur la quadrature, pour aplanir les difficultés qu'un grand nombre d'ouvriers craignent de rencontrer dans son exécution ; c'est ce qui m'a déterminé à céder aux sollicitations de nos plus savans artistes, et à publier un ouvrage en forme de leçons méthodiques, à la portée des ouvriers, dont le prix soit modique, et qui puisse servir à l'instruction de tous les ateliers. Cet ouvrage avoit d'abord été fait uniquement pour mes propres ouvriers, parce que j'avois formé le projet de leur faire sentir la nécessité de travailler par principes ; mais d'autres ouvriers finissant ou remontant les répétitions, me prièrent de le leur communiquer : j'en fis des copies, et j'eus la satisfaction de voir ces derniers entreprendre, avec ce seul secours, ce

qu'ils n'avoient osé faire jusqu'a-
lors.

On ne peut pas douter que ce
ne soit la crainte de rencontrer trop
de difficultés, qui empêche la plupart des ouvriers de s'instruire de
la quadrature. On ne peut, en effet,
qu'être surpris à l'aspect qu'elle
présente, qu'un si grand nombre
de pièces agissent les unes par les
autres, d'après l'impulsion d'un
moteur si foible, et déja employé
à faire mouvoir un rouage : aussi,
ce n'est que par l'harmonie de toutes ces pièces, qu'on peut s'assurer
de leurs vrais effets.

Cet ouvrage servira à aplanir
ces difficultés ; il aidera ceux qui
veulent se vouer à cette branche
de l'horlogerie, au point que tout
ouvrier intelligent pourra, sans autre
secours, entreprendre de repasser,
remonter et rhabiller les quadratures.

Enfin, tous ceux qui sont appelés à cette ingénieuse partie, de quelque manière que ce soit, y trouveront des ressources nouvelles et précieuses.

Qu'on ne s'attende pas à y trouver un plan régulier et méthodique, mais plutôt des négligences, des répétitions, un style commun et inégal; ce qui ne peut manquer d'arriver dans un ouvrage continuellement interrompu par le travail, auquel le besoin exige que je consacre tout mon tems. Si d'ailleurs il a quelque mérite, j'espère qu'on excusera ces défauts, et qu'on me saura gré de mes bonnes intentions Je prie le lecteur de le parcourir avant de le juger.

PLAN DE L'OUVRAGE.

Cependant, pour mettre de l'ordre dans cet ouvrage, je l'ai divisé en trois parties, dont la première contient une description raisonnée de la quadrature, en forme de leçons, par demandes et par réponses ; j'y entre dans tous les détails de la main-d'œuvre, pour en rendre l'exécution facile à tous les ouvriers intelligens. Cette première partie est précédée de la définition des principaux termes de l'art de l'horlogerie, pour servir à l'intelligence de cet ouvrage, et d'une courte dissertation sur l'origine et les progrès de l'horlogerie.

La seconde partie traite au long de l'emboîtage, parce qu'on joint à cette partie le repassage de la quadrature, dont il y a une récapitulation nécessaire pour faire sentir combien il est important de connoître à fond la quadrature, afin de transmettre d'une manière uniforme la force motrice à celle qui est propagative, l'action des léviers les uns par les autres, la force des ressorts répartie à chacun, leur élasticité et leurs proportions ; la somme des frottemens réduite à la moindre quantité possible par le point d'appui ; l'action aisée et énergique des marteaux, acquise par leur descente accélérée ; le point du contact , l'impression sur le timbre , la position de celui-ci , ses vibrations, et la définition des corps sonores. On y trouvera une direction nécessaire pour la manière de disposer les pièces et former les boîtes , pour produire des sons harmonieux ; j'y ai joint une instruction à l'usage des personnes qui sont appelées à visiter et acheter les quadratures, pour qu'elles puissent juger de leurs qualités , et en connoître la composition ; étude qui plaira autant qu'elle est utile.

La troisième partie est consacrée

aux finisseurs, repasseurs et remonteurs dorés, de qui dépend entièrement le sort des répétitions ; car, quelque bien faites que soient les quadratures, elles manquent toujours leurs effets, si ceux qui les achèvent n'ont pas acquis des connoissances suffisantes pour prévenir tous les changemens que le dorage peut occasionner ; c'est pourquoi ils trouveront dans cette partie la manière de les repasser, et de s'assurer de leurs effets en les démontant, ainsi que la manière de les remonter après le dorage.

L'ouvrage est terminé par un recueil aussi curieux qu'intéressant et nouveau de toutes les causes connues jusques à présent, qui arrêtent les effets des répétitions; les moyens de les connoître et de les réparer ; recueil non-seulement utile à tous les ouvriers des fabriques qui travaillent aux répétitions, mais plus encore à ceux qui en sont éloignés, et qui n'ayant, pour les rhabiller, de ressource que dans leur imagination, sont forcés d'employer des moyens qui tendent à les décomposer, plutôt qu'à les réparer.

Voilà le but que je me suis proposé dans cet ouvrage. Le plan que j'ai tâché de remplir est fondé tout entier sur des actions vraies, qui méritent sans doute une plume plus habile que la mienne; mais l'importance du sujet suppléera à la foiblesse de mes talens. J'espère, du moins, qu'en blâmant les défauts, l'on me saura gré de l'entreprise, et qu'on rendra justice à mes vues; heureux, si par là je puis contribuer à former des sujets, dont les talens, dans l'horlogerie, puissent à l'avenir la faire fleurir de plus en plus dans la République, en être toujours l'honneur et l'ornement, et mériter le glorieux titre de citoyen et de vrai patriote.

DÉFINITION

Des principaux termes de l'art de l'horlogerie, pour servir à l'intelligence de cet Ouvrage.

A

Acier. C'est une qualité de fer que la nature ou l'art a raffiné, de telle sorte qu'il est de tous les métaux, celui qui est le plus dur.

Acier tiré. Est une verge d'acier tirée par une filière cannelée, qui la rend propre à faire des pignons de différens nombres, suivant la filière par laquelle il a passé.

Aiguille de montre. C'est la pièce qui marque les heures et les mitutes.

Ailes. Dents d'un pignon.

Angles. Espace enfermé entre le concourt indirect de deux lignes qui se joignent en un point. Les angles se distinguent par degrés, suivant la

A

plus ou moins grande ouverture qu'ils ont.

Angulaire. On appelle ainsi les pièces qui ont la forme d'un angle.

Anneau. Cercle qui se meut autour d'un axe ; l'anneau de la chaîne qui se meut dans la crémaillère.

Arbre, Axe, Tige et Verge. Ce sont des termes synonymes ; on appelle *arbre de barillet*, l'arbre de la première roue, la tige de la roue de champ etc. On appelle *arbre* l'axe qui a besoin de force pour supporter un gros poids.

Arc. Partie de la circonférence d'un cercle, moindre que la moitié.

Assiette. C'est tout ce qui supporte quelque chose, comme l'assiette d'une roue est la partie sur laquelle elle est rivée.

Atmosphère. C'est l'air qui environne la terre, et qui a un poids équivalent, à environ vingt-huit pouces de mercure. Ces changemens contribuent à rendre les vibrations d'un balancier irrégulier.

Atomes. Ce sont de petites parties dont l'air est rempli, et qui contribuent à salir les pièces d'horlogeries, principalement celles qui ne sont pas bien enfermées.

Axiomes. Se dit d'un fait certain et d'une vérité incontestable.

B.

Balancier. Cercle d'acier ou de cuivre, qui est mu par l'échappement ; c'est lui qui fait les vibrations dans une montre.

Barette. Pièce attachée aux platines pour noyer les roues.

Barillet. Pièce qui a la forme d'un tambour, dans laquelle on renferme les ressorts des montres.

Barillet tournant. Celui qui porte une roue.

Barillet double. Celui qui a une roue à chaque bout.

Barillet fixe. Celui qui a une roue mobile à son centre.

Base. Se dit généralement de la partie

inférieure d'une pièce, quelle qu'elle soit , comme d'un cône, d'un cilindre. Le rochet d'une fusée est fixé à la base de la fusée.

Bate. C'est le cercle d'une boîte de montre qui a un drageoir pour loger la fausse plaque d'un mouvement , à laquelle on fait la petite charnière.

Borax. Suc minéral qui découle des mines , et qui se congèle de lui-même. Le meilleur pour souder est le jaune, on l'appelle *chrisocolla.* Il y a aussi du borax que l'on fait par artifice, celui de roche de nître etc. On fait calciner le borax pour qu'il n'enlève pas la soudure , quand on le fait sécher trop vîte.

Brunir. C'est donner un poli aux métaux ; ce qui se fait avec un outil d'acier trempé et bien poli appelé *brunissoir.*

C.

Cadran. Est la pièce des montres, sur laquelle sont marquées les heures.

Cadran universel. C'est celui qui marque l'heure des principaux lieux de la terre.

Cage. Ce sont deux platines avec leurs piliers dans laquelle sont contenus toutes les roues, ressort, chaînes etc.

Calibre. C'est le plan ou dessein des pièces qui composent une montre.

Calotte. Espèce de boîte qui renferme le mouvement d'une montre, pour le garantir de la poussière.

Canon. Se dit de tout ce qui est creux intérieurement.

Centre. C'est proprement le point qui, dans un cercle est également éloigné de tous points de la circonférence.

Centre de mouvement. Le point autour duquel se fait un mouvement circulaire.

Chaîne. Celle qui sert à la fusée ; elle est faite de petits maillons à peu près ovales. L'outil qui les fait, coupe et perce chaque maillon d'un coup de marteau.

Champ. Les roues dont les dentures sont parallèles à leurs tiges, s'ap-

pellent roues de champ ; celle d'é
chappement, qui a la même forme ,
s'appelle roue de rencontre.

Chaussés. Est le canon sur lequel l'aiguille est placée.

Charnière. Pièce attachée à la platine ,
et qui tient à la boîte pour faire
ouvrir ou fermer une montre.

Chute. Terme dont on se sert pour
expliquer les effets d'un engrenage :
chute est synonyme avec choc.

Cylindre. Est un corps rond et d'égale
grosseur.

Clef. Vis à crochet qui arrête la bate
à la platine ou à d'autres pièces.

Cliquet. Pièce qui retient le rochet , et
le ressort bandé dans un barillet.

Coq. Est un soutien et couvercle du balancier.

Coqueret. Pièce attachée sur le coq ,
qui porte le pivot du balancier.

Contre-potence. Pièce qui, avec la potence, sert à porter la roue de rencontre.

Cône. Figure faite en pyramide, comme
une fusée. Un cylindre plus gros d'un

bout que de l'autre, ayant une forme conique.

Convexité. C'est la rondeur et la hauteur, par exemple, d'un verre de montre, et la concavité est le dedans. On dit qu'il n'a pas assez de concavité, quand il touche à l'aiguille des minutes ; ce qui peut s'appliquer à toutes les pièces de cette forme.

Coulisse. Demi-cercle sous lequel le rateau qui conduit le ressort spiral, peut se mouvoir.

Crémaillère. Pièce de quadrature, sur laquelle agit le poussoir, et qui conduit la chaîne.

Crochet. Plaques d'acier sur la fusée, en forme de crochet, qui sert à arrêter le remontoir. Il y en a de plusieurs espèces dans les montres.

Croisées. Rayons qui maintiennent le centre d'une roue.

D.

Délai. C'est le dernier pignon d'un rouage de sonnerie qui est ainsi nommé , parce qu'il sert à ralentir la vîtesse de la sonnerie.

Dents. Se dit de différentes choses. La même partie dans un pignon se nomme *aile.*

Détente. Il y en a de plusieurs sortes. Leur usage est de faire détendre les sonneries.

Doigts. Pièce qui ramène la pièce aux quarts.

Dos-d'âne. Corps ayant deux surfaces inclinées l'une vers l'autre, et qui forment un angle.

Dragéoir. Rainure qui tient, par exemple , le verre d'une montre , le couvert de barillet etc.

E.

Échappement. Pièce qui échappe par l'impulsion d'une roue, comme les palettes d'une verge de balancier etc.

Ecrouir. C'est forger du laiton pour le rendre dur et roide, parce que cela resserre les pores.

Efflanquer. On dit efflanquer un pignon pour dire le vider.

Egaler, un pignon une denture de roue, c'est en rendre les dents égales.

Elastique. Qualité ou vertu d'un corps qui fait ressort, tel que l'acier trempé.

Embichetage. Terme dont on se sert pour déterminer la grandeur de la platine du dessus d'une montre, afin qu'elle ne touche pas à la boîte quand on ouvre ou qu'on ferme le mouvement.

Encliquetage. Quand on parle d'un rochet, d'un cliquet, et de son ressort qui agissent ensemble.

Engrener. C'est l'effet de la dent d'une roue qui entre dans l'aile d'un pignon.

Equation. C'est la différence du tems vrai au tems moyen, ou la variation apparente du soleil par rapport à l'heure égale de la montre.

Equilibre. Se dit d'un poids qui en égale un autre.

Etoile. L'étoile d'un limaçon de répétition, est une roue plate, divisée en douze rayons qui se terminent en pointes.

Excentrique. Cercle qui a un autre centre que celui où il est renfermé.

F.

Force. Signifie ici une puissance ; force mouvante , c'est la même chose que puissance. On ne peut augmenter la force mouvante qu'en lui donnant plus de vîtesse : ce que l'on gagne en tems, on le perd en force ; c'est là le principe de toute la mécanique.

Fraiser. En terme de l'art , c'est ôter la petite pointe des dents des roues.

Frottement. On ne sauroit faire mouvoir une seule pièce , qu'il n'y ait des frottemens. Toutes celles qui se meuvent, et qui font mouvoir , sur le principe du levier , ont moins de frottemens, que celles qui se meuvent par des plans inclinés.

Fusée. Pièce d'une forme conique sur laquelle s'enveloppe la chaîne pour tirer le mouvement de la montre.

G.

Garde-chaîne. C'est l'arrêt du crochet

d'une fusée, pour empêcher que la chaîne ne se casse.

Goupille. Petite pointe en forme de clavette pour arrêter, par exemple, la cage d'une montre et beaucoup d'autres pièces.

Goutte. Petite plaque ronde, et convexe d'un côté, qui sert à retenir des roues ou autres pièces.

Graduer. C'est diviser en autant de parties qu'on en a besoin.

H.

Horizontal. C'est tout ce qui est posé de niveau, le balancier d'une montre est horizontal, quand elle est posée sur une table ; et quand elle est pendue, il est vertical.

I.

Jeu. Pour dire qu'une pièce a de la liberté.

Incliné. En horlogerie plan incliné ou talus, toutes sortes de parties pla—

tes , dont la direction ne tend pas au centre de la pièce.

Index. Petite aiguille fixe qui marque sur un cercle mobile les divisions qui y sont gravées.

Isochrone. Signifie égale ; les vibrations d'une montre sont isochrones , lorsqu'elles sont égales.

L.

Lardon. Pièce longue que l'on met à coulisse à la potence pour porter la roue de rencontre.

Levée. C'est un petit levier mobile placé sur la tige d'un marteau de répétition.

Limaçon. C'est un cercle tourné ou formé spiralement , et divisé en douze degrés pour régler les coups de marteau d'une répétition. Le limaçon des quarts est partagé en quatre degrés.

M.

Machine. On appelle machine un composé de plusieurs pièces pour servir à augmenter la force ou la puissance pour mouvoir, ou pour arrêter un poids ; l'arrêter c'est le mettre en équilibre , le mouvoir , c'est l'em—porter sur lui.

Maillon. Petite pièce d'une forme ovale , percées de deux-trous pour faire des chaînes de montre.

Main. Pièce qu'on emploie quelque-fois dans les répétitions ; elle est divisée en quatre doigts , quoique son usage soit bon , on ne s'en sert à présent que dans certains cas.

Mécanique. Art de composer toutes sortes de machines mouvantes , on dit la mécanique d'une machine , pour dire l'effet des pièces qui la composent.

Marteaux. Masse d'acier , portée par une tige , placée dans la cage d'une répétition pour frapper contre le timbre.

Microscope. Sorte de lunette qui grossit extraordinairement les objets , et fait découvrir les moindres défauts d'une montre,

Mobile. C'est tout ce qui a du mouvement.

Montre. Horloge portative, qui marque
les heures, les minutes et les se-
condes, frappe les heures, et les
quart, répète et réveille. L'art de
faire des montres est si perfectionné,
qu'on leur fait produire quantité
d'effets surprenans.

Mouvement. Terme physique, action
par laquelle un corps est mu. Il y
a quatre choses, à considérer dans le
mouvement ; la masse du corps qui
est mu, l'espace qu'il parcourt, le
tems qu'il emploie à le parcourir, et
le côté vers lequel il se meut. Il se
dit aussi des pièces qui composent
le dedans d'une montre.

N.

Nombre. Se dit de la quantité de dents
données à chaque roue d'une montre
pour qu'elle fasse les révolutions qu'on
demande ; on dit nombre rentrant,
quand le nombre du pignon est par-

tie aliquote du nombre de la roue dans laquelle il engrène.

O.

Oblique. Ligne qui n'est pas à-plomb et opposée à la ligne droite.

Oreilles d'un coq. Ce sont les deux pieds qui portent sur la platine pour y être fixés avec deux vis.

P.

Palette d'une verge de balancier. Ce sont les parties de leviers qui engrènent dans la roue de rencontre ; on dit improprement *largeur* des palettes ce qui est *longueur*, puisqu'elles sont formées du principe du levier : ce sont donc de petits leviers plus longs les uns que les autres, selon la distance des dents de la roue de rencontre.

Perpendiculaire. Ligne droite qui tombe sur une autre ligne.

Pignon. Petite roue dentée, placée au

centre d'une grande pour multiplier plusieurs tours aux dernières roues ; les dents des pignons s'appellent *ailes*.

Piliers. Ils forment la cage d'une montre en soutenant les platines à la hauteur que l'on veut.

Pivot. C'est le bout des arbres , des tiges etc. qui entrent dans les trous des platines pour y tourner librement.

Platine. C'est une des plaques de la cage de la montre.

Podomette ou *Comptepas*. C'est un instrument en forme de montre qui sert à mesurer le chemin qu'on fait, il est composée d'un roue de cent , et d'une autre de cent et un qui engrène dans un pignon de six. Ce pignon est mu chaque pas que l'on fait par un cordon attaché au genou qui tire une espèce d'échappement qui fait sauter une espèce d'étoile énarbrée sur le pignon ; ce qui fait faire un degré du cadran à une aiguille pendant qu'une autre en fait le tour , et qui marque cent pas , et l'autre

aiguille

aiguille marque les centaines, on ajuste cette machine aux chaises de postes etc.

Pont. Se dit de toutes les pièces qui sont fixées, et qui servent à porter des pièces qui ne pourroient pas avoir de centre sur la platine.

Pores. Tous les métaux et minéraux etc. sont composés de petites parties qu'on appelle *pores* ; l'or a ses pores plus serrés que l'acier, ce qui rend son volume pesant.

Portée. Se dit de l'assiette d'un pivot.

Potée. Etain calciné et réduit en poudre très-fine, pour donner le dernier poli à l'acier.

Potence. Espèce de coq pour contenir la verge du balancier, et pour soutenir la roue de rencontre, la contre-potence est la pièce qui soutient l'autre tige de la roue de rencontre.

Poulie. Cercle dont la circonférence est faite en rainure pour contenir une chaîne.

Poussoir. C'est le pendant d'une montre à répétition qui, en le poussant, la fait frapper les heures, et les quarts.

Puissance. Terme de mécanique, qui se dit de ce qui doit agir pour mouvoir, ou faire mouvoir.

Pulsation. Une roue qui engrène près du centre d'un pignon à moins de pulsation que si elle agissoit sur un pignon d'un plus grand diamètre.

Pendule. C'est une verge de différente longueur que l'on suspend aux horloges, pour régler leur mouvement.

Planer. C'est forger à petits coups une platine, jusqu'à ce qu'elle soit bien dressée.

Q.

Quadrature. Ce sont les pièces placées sous le cadran.

R.

Rateau. Portion de roue dentée qu'on emploie dans une coulisse pour faire avancer ou retarder.

Rayon. C'est une ligne droite, tirée

du centre d'un cercle jusqu'à sa circonférence.

Recuire. C'est rougir les métaux pour
les amollir et les rendre plus mal-
léables.

Reperts. C'est une marque que l'on fait
aux dents des roues, et aux autres
pièces, pour les remettre à leur vraie
place.

Répétition. C'est une montre qui répète autant de fois que l'on veut
l'heure qu'elle marque.

Ressorts. Lame d'acier trempé, qui
étant élastique, sert à donner le
mouvement à toutes sortes de pièces.

River. C'est refouler à coups de marteau le métal, pour fixer deux pièces
ensemble.

Rochet. Roue plate, dont les dents se
terminent en pointes, servant à faire
frapper les marteaux, et à beaucoup
d'autres usages.

Rosette. C'est un petit cadran numé-
roté à volonté, pour indiquer seulement le côté vers lequel il faut tourner
l'aiguille pour avancer ou retarder le
mouvement d'une montre.

Rouage. Ce sont plusieurs roues dentées qui engrènent dans des pignons, pour faire mouvoir tout ce qu'on veut.

Rouge. Pièce que l'on trempe dans de l'eau froide. On lui donne ensuite le *recuit*, selon l'usage que l'on veut faire de la pièce que l'on trempe.

S.

Sautoir. C'est une espèce de cliquet qui sert à retenir l'étoile d'une répétition; on l'appelle aussi *valet de l'étoile*.

Seconde. C'est la soixantième partie d'une minute d'heure et d'une minute de degré.

Soudure. Métal composé d'argent et de laiton, pour souder avec du borax des pièces de même métal.

Sourdine. Pièce de répétition contre laquelle on met le doigt pour sentir les coups qu'elle frappe.

Surprise. Pièce mobile sous le limaçon

des quarts de la répétition, qui
sert à faire changer l'heure subitement.

T.

Talon. Pièce de la crémaillère de répétition, sur laquelle le poussoir agit;
la partie de la potence qui soutient
la verge du balancier porte aussi ce
nom.

Tremper. C'est donner une qualité dure
à l'acier en le jetant rouge.

Tout-ou-rien. Pièce de quadrature,
qui sert à faire frapper juste aux
indications.

Triangle. Figure comprise sous trois
lignes, et qui a, par conséquent,
trois angles.

Toque. Pièce attachée à la boîte d'une
répétition, pour intercepter à volonté
le son du timbre.

V.

Vibrations. C'est l'arc de cercle que
décrit un balancier mis en mouvement.

Vis. Cilindre cannelé en ligne spirale , qui entre dans un écrou , dont l'intérieur est formé de même : la distance des filets de la vis s'appelle pas ; plus la vis est grosse , et les pas serrés , plus elle multiplie sa force.

Vis-sans-fin. Elle sert à bander les ressorts d'une montre ; on l'emploie communément , pour faire mouvoir lentement des roues.

Volant. C'est une pièce de laiton , placée sur la tige du dernier pignon du rouage de sonnerie , pour ralentir la vîtesse des coups.

ESSAI
SUR LES MONTRES
A
RÉPÉTITION.

PREMIÈRE PARTIE.

LEÇON I.ere

De l'origine de l'horlogerie.

*D*EMANDE. Quelle est l'époque de l'origine de l'horlogerie?

Réponse. Cette invention pour mesurer le tems, par un rouage mis en mouvement, n'a été connue que sur la fin du seizième siècle.

D. Jusques alors comment mesuroit-on le tems pour régler les actions de la vie?

B 4

R. Par les révolutions journalières du soleil : les Romains furent les premiers qui divisèrent le jour en douze heures, et les nuits en quatre parties, appelées veilles ; ensuite on imagina les cadrans solaires, les clepsydres, les sabliers etc.

D. Quest-ce que les clepsydres et les sabliers ?

R. Les clepsydres sont des bouteilles resserrées au milieu ; les deux bouts sont égaux ; on en remplit un d'eau ou d'autres liqueurs, en sorte qu'elle reste un tems limité pour passer par le cou resserré du milieu, jusques dans l'autre fond. Les sabliers sont ceux que l'on remplit de sable. On en voit encore dans les églises, à la chaire du prédicateur, pour savoir la durée de l'office.

D. Ces instrumens étoient sujets à bien des difficultés ; on ne pouvoit pas savoir l'heure pendant la nuit, ni lorsque le soleil étoit caché par des nuages. Sait-on qui a inventé les premières horloges à sonnerie ?

R. Gerbert, moine, qui fut ensuite ar-
chevêque de Reims, rendit, en 1650,
cet important service à tous les
religieux des monastères lesquels
étoient obligés de préposer des gens
pendant la nuit pour observer les
étoiles, et les avertir du tems de
leurs offices ; c'est à ce tems qu'on
peut fixer l'origine de l'horlogerie.

D. Ces horloges étoient sans contredit
bien grossières et placées dans les
clochers. Comment ensuite est-on
parvenu à faire des montres ?

R. Des ouvriers adroits firent des horloges plus petites pour placer dans
les chambres, et enfin des horloges
portatives, que nous appelons montres, et c'est proprement à cette
dernière découverte que commence
l'art de l'horlogerie, parce que ne
pouvant plus se servir de poids, il
fallut trouver un autre agent ou
moteur, qui est le ressort ployé
spiralement dans un cercle nommé
barillet.

D. Quelle découverte fit-on ensuite ?

R. Celle du ressort spiral en 1660 par Huighens, mathématicien célèbre, qui adapta ce ressort au balancier pour en régler la vîtesse et le mouvement : ce même auteur perfectionna beaucoup l'horlogerie.

D. Comment imagina-t-on ensuite les montres sonnantes ?

R. Dès la première invention des roues dentées, les artistes horlogers imaginèrent à l'envi différens mécanismes ; tels sont les réveils, les quantièmes du mois, les jours de la semaine, les années, les quantièmes et phases de la lune, le coucher du soleil, les années bissextiles etc. Mais parmi toutes ces additions, il y en a deux encore qui sont très ingénieuses et très utiles, inventées dans ce siècle.

D. Quelles sont ces additions ?

R. La première est la répétition, au moyen de laquelle on peut savoir à chaque instant du jour ou de la nuit les heures et les quarts ; la seconde est l'invention des horloges et montres à équation.

D. Qu'est-ce que l'équation en montres, ou horloges ?

R. Pour connoître le mérite de ces sortes d'ouvrages, il faut savoir que les astronomes ont découvert après bien des observations, que les révolutions journalières du soleil, ne se font pas tous les jours dans le même tems ; c'est-à-dire, que l'espace compris depuis le midi d'un jour, au midi suivant n'est pas toujours le même, mais qu'il est plus grand dans certains jours de l'année, et plus court en d'autres. Or, le tems mesuré par les horloges, étant uniforme, elles ne peuvent par conséquent suivre les écarts du soleil ; on a donc imaginé un mécanisme, qui est tel, que tandis que l'aiguille des minutes de l'horloge tourne d'un mouvement uniforme, une seconde aiguille suit les variations du soleil. Enfin les sphères mouvantes et les planisphères sont des productions admirables de l'horlogerie.

D. Quel est l'effet de la sphère mouvante ?

R. On appelle sphère mouvante une machine disposée de telle manière, qu'elle indique et imite à chaque moment la situation des planètes dans le ciel, le lieu du soleil, le mouvement de la lune, les éclipses, en un mot, elle représente en petit le système de l'univers.

Les planisphères marquent toutes ces révolutions sur un même plan comme un cadran.

D. Dites-moi, je vous prie, comment tout cela est mis en mouvement?

R. Par des cercles que des roues font mouvoir, et sur lesquels sont marquées ces planètes : on les voit par une ouverture faite au cadran.

LEÇON II.

D. Comment divise-t-on tous les horlogers?

R. En trois classes, les horlogers qui font les horloges de clochers, les horlogers penduliers, et les horlogers en petit.

D. Comment divise-t-on les ouvriers

qui travaillent à la fabrication des montres ?

R. Le nombre en est très-grand. Ce sont principalement les suivans :

1.° Les faiseurs de mouvemens en blanc des montres simples ;

2.° Les faiseurs de rouages de répétitions ;

3.° Les quadraturiers ;

4.° Les finisseurs des montres simples ;

5.° Les finisseurs de rouages de répétitions ;

6.° Les faiseurs d'échappemens à cylindres, ou autres ;

7.° Les faiseurs de charnières ;

8.° Les emboîteurs de répétitions ou repasseurs des quadratures ;

9.° Les acheveurs ou remonteurs dorés des montres simples ;

10.° Les acheveurs ou remonteurs dorés des répétitions ;

11.° Les régleurs qui posent les ressorts spiraux, et règlent les montres ;

12.° Les faiseurs de ressorts ;

13.° Les faiseuses de chaînes ;

14.° Les faiseuses de ressorts spiraux ;

15.º Les émailleurs ou faiseurs de cadrans ;

16.º Les faiseurs d'aiguilles ;

17.º Les graveurs de coqs, et de noms ;

18.º Les graveurs de rosette ;

19.º Les doreuses ;

20.º Les polisseuses des pièces de laiton ;

21.º Les polisseurs des pièces d'acier ;

22.º Les polisseuses de verges ;

23.º Les fendeurs de roues ;

24.º Les denturiers ou finisseurs de denture ;

25.º Les fendeurs de fusées et de roues
de rencontre ;

26.º Les faiseurs de timbres ;

27.º Les monteurs de boîtes ;

28.º Les faiseurs d'étuis ;

29.º Les graveurs et ciseleurs pour les
ornemens des boîtes. Je ne vous parlerai pas ici d'un plus grand nombres d'ouvriers occupés uniquement
à faire des outils et instrumens dont
les horlogers se servent ; ce détail
seroit trop long : d'ailleurs, il n'est
qu'accessoire à la main-d'œuvre.

D. Tous ces genres d'ouvrages par

différentes mains , doivent-ils entrer dans l'étude de l'horlogerie ?

R. Oui sans doute : l'horloger doit les conduire , et juger de leur perfection comme de leurs défauts.

LEÇON III.

Caractère d'un bon horloger , et moyens de les acquérir.

D. Qu'est-ce qui caractérise le bon horloger ?

R. C'est une parfaite connoissance de toutes les parties , jointe à une bonne théorie , à une grande précision dans l'exécution.

D. Que faut-il faire pour parvenir à ce point ?

R. Il faut d'abord faire choix d'un maître qui réunisse toutes ces qualités , et qui ait de plus celle de démontrer avec complaisance, de se consacrer entièrement au travail, et de faire ses récréations de l'etude de la théorie des machines.

D. Est-il possible d'apprendre toute

l'horlogerie dans un terme ordinaire d'apprentissage ?

R. Oui, s'il étoit de huit années comme autrefois où les maîtres exécutoient toutes les parties, et les enseignoient à leurs élèves ; d'ailleurs, on ne peut déterminer aucun tems, puisque cela dépend des dispositions, du goût, de l'application, et de la manière d'être enseigné.

D. Les maîtres horlogers n'exécutent-ils pas toutes les parties ?

R. Non. Les prix qu'on a mis aux montres, ne permettent plus de faire toutes les parties : en ne s'occupant que d'une seule, on y est plus diligent, et on gagne davantage ; mais il convient de les savoir faire, parce que l'une aide à l'autre, et qu'elles en sont mieux exécutées.

D. Puis donc que chaque maître n'exécute qu'une des parties de l'horlogerie, comment faut-il les apprendre toutes ?

R. Il faudra suivre l'ordre des fabriques, en commençant par les mouvemens

vemens et rouages de toutes espèces ; ce qui occupera trois années ; le finissage s'apprend par théorie : une année de pratique suffira ; pendant tout ce tems on prendra l'idée de la répétition ; cet ouvrage qu'on étudiera aux heures de récréation , facilitera en instruisant des noms de chaque pièce et de leurs effets. Douze quadratures , est le plus grand nombre pour les moins intelligens , j'ai eu des élèves qui , à la quatrième en savoient plus que la plupart des quadraturiers de campagne , qui les font sans en connoître le mécanisme. Je mets six mois pour l'emboîtage de toutes les pièces de répétitions.

Il reste le repassage et remontage doré ; cette partie n'exige point d'apprentissage pour l'ouvrier intelligent , qui connoît les principes du finissage et de la quadrature , puisqu'il n'est question que de vérifier les engrenages, les ajustemens, l'échappement etc. ; de remettre toutes les pièces dans l'ordre, quand elles sont dorées ;

ce qui, à la vérité, coûte beaucoup à ceux qui n'ont pas appris suivant les règles que nous venons d'établir.

D. De toutes ces parties, quelle est la plus difficile ?

R. On ne peut pas douter que la quadrature ne soit vraiment la partie scientifique de l'horlogerie ; aussi exige-t-elle plus de théorie pour la composition, de délicatesse et de précision dans la main-d'œuvre ; c'est pourquoi ceux qui la connoissent, et qui l'ont pratiquée, exécutent avec plus de perfection les autres parties.

D. Puisqu'il faut si peu de tems pour acquérir toutes ces connoissances, pourquoi le nombre de ceux qui les possèdent est-il si petit ?

R. Pour plusieurs raisons : 1.° il faut être né avec les dispositions heureuses de concevoir ; 2.° y apporter un goût que rien ne distrait ; 3.° être dans l'âge où l'esprit se développe, et où les impressions sont plus fortes ; 4.° il faut rencontrer

des maîtres, qui réunissent les talens, que nous avons caractérisés,
et qui puissent sacrifier le tems de
l'enseignement; ce que le plus grand
nombre ne peut pas faire, puisqu'au
contraire, l'impatience de gagner les
empêche d'achever leur apprentissage.

D. Ne seroit-il pas à propos qu'il y
eût des écoles publiques?

R. Oui; il seroit très avantageux à
l'horlogerie que les jeunes gens qui
s'y vouent pussent s'instruire des mé-
caniques qui y ont rapport; qu'il y eût
des cours de toutes les parties pour
ceux qui y sont déjà voués, des ateliers où on occupât en instruisant, et
où les savans artistes déposeroient
leurs productions.

D. Pour parvenir à la connoissance de
toute l'horlogerie par quelle partie
faut-il commencer?

R. Avant d'entreprendre aucune des
parties, il convient d'être instruit
des noms des outils, de leurs usage,
et de la manière de s'en servir,

des noms des pièces et de leurs effets,
d'apprendre par cœur les définitions
des termes placés au commencement
de cet ouvrage; ce qui donnera plus
de facilités aux maîtres, comme aux
élèves : quand on se sera ainsi rendu
familiers les outils, et formé la main
à limer et à tourner, on se fera
l'idée d'un mouvement de montre
simple par des calibres raisonnés,
suivant l'intelligence des élèves.

D. Quelle est donc la marche la plus
sûre et la plus abrégée pour l'exécution d'un mouvement de montre
simple ?

R. J'ai dit que je me suis engagé dans ce
cours de leçons, à ne traiter que des
répétitions en toutes ses parties.

D. Quel autre moyen y auroit-il d'apprendre cette première partie qui
fait la base et le fondement de l'é-
difice ?

R. Rien n'est plus aisé, ni plus commun
que les maîtres qui les enseignent,
et on a d'ailleurs plusieurs excel-
lens traités qui ne laissent rien à

désirer ; c'est pourquoi nous ne nous étendrons pas davantage sur cela , pour donner plus de tems à la répétition qui n'a jamais été traitée , et qui est aussi peu connue qu'il est important de la bien savoir , quoiqu'un grand nombre y travaillent.

D. Quels sont les livres qui traitent de l'horlogerie ? Pourquoi voit-on si peu d'horlogers qui en ayent ?

R. Il s'est fait à Paris plusieurs livres savans , mais le traité de Mrs Thiout l'aîné , Berthou et Lepaute , sont les plus estimés ; le prix excessif de ces ouvrages , empêchent la plupart des ouvriers de se les procurer.

D. N'est-ce pas plutôt parce que ces livres ne sont pas à la portée des ouvriers ordinaires , car j'ai entendu dire à plusieurs ouvriers qu'ils n'y comprenoient rien ?

R. Il est vrai que ces messieurs ont écrit plutôt pour les savans : il faut instruire les ignorans qui forment le plus grand nombre. Comme très peu savent lire , et comprennent des descriptions dont tous les termes leur sont inconnus, il n'y a que ceux qui ont étudié la mécanique, qui puissent en profiter, et le nombre en est si petit, que sur cent à peine y en a-t-il un.

D. Comment ces auteurs n'ont-ils pas pensé à donner plus de facilité aux ouvriers pour comprendre les belles choses qu'ils ont écrites ?

R. Parce que, pour mériter le titre de savant, il faut écrire en savant ; ce qui ne convient point à la classe des ouvriers illitérés.

D. Il paroît donc que ces auteurs ont écrit principalement pour se faire connoître en dédiant leurs ouvrages aux savans et aux amateurs. Ne seroit-il pas possible d'écrire aussi pour les ouvriers ?

R. Je crois qu'un ouvrage en forme d'entretien d'ouvriers, tel que celui-ci, sera plus utile, étant d'ailleurs un recueil de faits existans, qu'une longue pratique a constatés, et qui peut être à la portée des ouvriers de tous les ateliers, dans quelque degré qu'ils soient.

D. Les auteurs qui ont écrit sur l'horlogerie, n'ont-ils pas traité aussi des quadratures ?

R. Ils n'en ont parlé qu'historiquement, et c'est une démonstration de pratique dont on a besoin pour servir à tant d'horlogers qui travaillent, sans connoissance, aux répétitions ; c'est d'ailleurs une partie nouvelle, inventée de nos jours, et si considérable par le grand nombre d'ouvriers qu'elle occupe, que ce n'est qu'en la perfectionnant, qu'elle se propagera.

—◦✳◦—

C 4

DE LA QUADRATURE.

LEÇON IV.

Demande. Quelle est la partie de l'horlogerie, que l'on appelle la quadrature ?

Réponse. On donne ce nom à toutes les pièces qui sont placées entre le cadran, et la platine du mouvement, et c'est du cadran qu'elles tirent ce nom ; mais on appelle particulièrement, les pièces de répétition, pièce de quadrature.

D. Y a-t-il plusieurs sortes de quadratures ?

R. Il y en a autant que de différens mouvemens, dont dépendent les fonctions variées des montres.

D. Quelles sont les principales ou généralement connues ?

R. Ce sont celles des montres à répétitions, placées sous le cadran dans

dans une espèce de cage que forme
avec le cadran un cercle appelé bate,
ou faux cadran tenant à la platine
par trois clefs ; cette cage renferme
toutes les pièces qui font frapper
les heures et les quarts, excepté les
marteaux qui sont placés dans la cage
du mouvement.

D. Toutes les quadratures de répétitions sont-elles égales ?

R. Il n'y a aucune partie de l'horlogerie autant variée , tant dans les
principes que dans l'exécution, parce
qu'on n'a point encore de règles générales , ni de calibre à suivre comme
on en a pour les mouvemens ; toutes
les positions sont si arbitraires , que
l'ouvrier même qui ne fait autre
chose, ne pourra promettre d'en faire
deux parfaitement égales.

D. D'où vient cette variation ?

R. Parce que les formes des pièces et
leurs positions sont susceptibles de
changemens ; ce qui fait que les ouvriers s'en prévalent pour donner à
leurs ouvrages le plus d'avantage
possible.

D. N'y a-t-il pas cependant des règles générales que chacun peut suivre ?

R. Oui , jusqu'à un certain point ; les formes des rouages étant variées , on est obligé de s'y conformer.

D. Quelles sont les règles générales que tout quadraturier doit connoître, et qui font la base des bonnes quadratures ?

R. Ces règles sont 1.° de disposer son calibre de manière qu'avec peu de force toutes les pièces fassent leurs fonctions avec énergie, et solidité ; 2.° que le poussage ne soit pas en même tems long et dur à pousser ; 3.° que chaque pièce fasse son effet particulier , sans être gênée par d'autres. Pour comprendre cette ingénieuse partie , il convient d'entrer dans les détails de l'exécution, comme nous allons le faire ci-après.

De l'exécution de la quadrature.
Pour tracer le calibre.

D. N'a-t-on pas des calibres à suivre comme on en a pour les mouvemens ?

r. Non , parce qu'on est obligé de se conformer aux dispositions du rouage ; c'est pourquoi on ne peut avoir d'autres calibres : il faut combiner la quadrature avec le rouage, en commençant par les marteaux , que l'on placera le plus en dedans possible , sans gêner le passage des roues qui les environnent; on marquera ensuite l'entrée , ou le passage du poussoir , entre la roue de fusée, et le barillet, de manière qu'elle n'anticipe ni sur l'un , ni sur l'autre, et cette entrée sera le point de midi; elle sera aussi le milieu de la charnière , et celui de la crémaillère ou l'appui du poussoir ; le centre de la crémaillère , qui décidera en partie de la longueur, et de la douceur du passage , car plus son centre sera loin du point d'appui , et plus le poussage sera doux et long à pousser, ce qui est arbitraire ; les poulies , qu'on tracera ensuite , contribuent au même avantage par leur grandeur, ce qui est aisé à comprendre , en agissant sur un plus grand rayon , l'effet en sera plus doux, ce qui est encore arbitraire.

L'étoile portant le limaçon des heures, qui est de même grandeur, se tiendra aussi grande que possible , afin que les degrés ayant plus de distance, en soient plus solides , ce qui est dé- terminé par le carré de fusée ; la barette de la roue de champ , le ressort du grand marteau et le sautoir au dehors ; au dedans le passage de la chaussée portant la goutte qui retient la surprise ; la pièce au quart devant agir sur les deux marteaux se placera au milieu d'eux , en incli- nant cependant un peu sur le petit ; elle sera le plus au centre de la pla- tine que le passage de la chaîne le permettra.

Du centre de cette pièce on trace le tout-ou-rien, par l'extrémité du bras d'accrochement de la pièce au quart, lequel bras doit être plus long que celui qui reconduit la levée de la valeur de l'accrochement ; le centre du tout-ou-rien , qui sert en même tems de pont à l'étoile , est fixé assez loin pour que la clef du remontoir puisse passer , et sur une ligne tirée du centre de la crémaillere à celui de la pièce au quart.

Voilà les principales positions qui déterminent le sort des quadratures, et ce qu'on appelle *tracer le calibre.*

D. N'est-il pas important de savoir placer aussi toutes les autres dont vous n'avez point parlé , et qui me paroissent former le plus grand nombre ?

R. Comme il ne s'agit plus que des pièces adhérentes aux autres ou des ressorts , on ne peut faire des écarts ; et un ressort plus ou moins long peut toujours fonctionner , pourvu qu'il soit proportionné à sa longueur et à l'effet qu'il doit faire.

D. Quand le calibre est ainsi tracé , quelle pièce fait-on la première ?

R. La bate ou cercle qui, comme nous l'avons dit , forme la cage de la quadrature , et détermine la forme de la boîte. On en proportionne la hauteur à celle du mouvement, puis la grandeur , suivant la force de la boîte ; elle a un drageoir dans lequel entre la platine au tiers de son épaisseur.

D. La bate tient-elle suffisamment à la platine , par ce drageoir ?

R. On la retient encore par trois vis ou clefs fixées à la platine , mais avant il faut la vider, et lui faire un point de repos qui est son entrée pour le passage de la charnière , dont le milieu est le point de midi ou des soixante minutes ; de ce point on divise en quatre parties le cercle de bate qui sert à diviser le limaçon des quarts ; on garde un bras pour le pied du cadran et un pour le vis ; ensuite , on emporte le reste du fond , en conservant de la solidité autour de la charnière.

D. Mais je ne vois point sur votre calibre la position de ce limaçon des quarts dont vous venez de parler , et qui doit être de conséquence puisqu'il détermine les quarts.

R. Il y est cependant , et même depuis l'origine du mouvement , le premier point que le faiseur de rouage a donné et qui est celui de du centre de la platine , est aussi celui de cette pièce qui se rive sur la chaussée , de même que la surprise , et dont nous parlerons ci-après.

D. Ne doit-on pas faire ces pièces les premières , puisque la place en est fixée toujours également.

R. Au contraire, les effets de ces pièces étant d'agir par les autres, on ne peut les faire que les dernières.

Des clefs de la bate.

D. Où place-t-on les clefs , et de quelle manière servent-elles à tenir la bate ?

R. On donne un trait concentrique à la platine , le plus au bord possible, sur lequel on les place triangulairement; on enlève la superficie de la platine avec une fraise , pour qu'elles soient arrêtées sans pouvoir aller plus loin par les changemens dont la platine est susceptible ; on fait ensuite des creusures à la bate avec un outil qui porte une fraise ; on fait entrer la clef de manière qu'en serrant la bate elle soit en même tems arrêtée à la platine.

D. Ces trois clefs sont-elles de forme égale ?

R. Oui , mais pour les reconnoître on leur fait des marques ainsi qu'à la platine ; ce qu'on appelle *repert*, parce qu'il ne conviendroit pas de les changer , y ayant toujours quelques différences entr'elles.

Du rochet, des marteaux, de la levée.

D. La roue d'acier qui fait frapper les heures fait-elle partie de la quadrature?

R. On l'appelle rochet ; le quadraturier doit seulement le repasser ou vérifier la justesse de ses dents , s'assurer qu'il y en a douze , ni plus

ni

ni plus ni moins, comme cela arrive quelquefois ; les dents devront être terminées en pointes arrondies, ensuite on le trempera et reviendra de couleur rouge, et on polira les dents avec soin.

D. Que doit-on observer pour l'exécution des marteaux, et quelle doit être leur forme ?

R. Quant aux marteaux, il n'y a d'autre observation que de les tenir aussi longs et pesans que possible : leur forme est déterminée par le passage des roues que l'on fait justes, pour leur laisser plus de poids ; car c'est de leur grosseur que dépend la force des coups qu'ils donnent ; et la partie saillante, qui est le contact du marteau, doit être proportionnée à sa grosseur : il auroit beau être pesant ; si cette partie est étroite et très raccourcie, les marteaux donneront des coups peu distincts.

D. Y a-t-il des règles pour placer les chevilles des marteaux ?

R. Sans doute, celle du bout est la

plus importante , puisque c'est par elle que les quarts frappent ; et comme il reste peu de place à cet endroit du marteau, après le passage de la roue qui porte le rochet , on la met le plus en dedans possible, et près la tige du centre du marteau , afin que quand il descend dans la cage (ce que nous appellerons *lever*), l'entrée de cette cheville ne vienne pas trop au bord de la platine , et ne l'ouvre pas , comme on en voit beaucoup qui ensuite gênent la boîte ; d'autres fois , elle vient rencontrer l'entrée de la levée des heures. Quant à la cheville sur laquelle agit le ressort, il seroit à souhaiter qu'on pût la placer aussi près du centre du marteau que la première ; le ressort feroit moins de chemin , et les coups en seroient plus forts et plus nets : c'est pourquoi on la placera autant en dedans que la levée pourra le permettre ; j'entends du côté de la tige , et le plus au dehors du bord extérieur , que le passage de la tête de fermeture le permettra. Lorsqu'elle est trop en dedans, elle oblige le ressort à se trop courber; ce qui durcit son effet en levant, et lui fait perdre sa force quand le marteau arrive au bord de la platine.

D. Comment la roue des heures, ou le rochet, fait-il frapper le grand marteau ?

R. Au moyen d'une pièce appelée *levée des heures*, mobile sur la tige du marteau, qui a deux bras, dont l'un s'engage dans les dents du rochet, et l'autre agit sur le marteau, et l'oblige à se baisser jusqu'à ce que, s'échappant de chaque dent, le ressort renvoie le marteau ; ce qui se répète autant de fois qu'il y a de dents ou d'heures à frapper.

D. Avant de faire cette levée, ne convient-il pas de faire les ressorts ?

R. Oui, mais seulement ceux des deux marteaux.

Des ressorts.

D. Les ressorts exigent-ils des proportions difficiles à exécuter ?

R. Oui , si l'on considère que les ressorts sont l'âme de toutes les machines mouvantes , et qu'ils peuvent exiger plus de délicatesse et d'attention à les bien faire , que n'en ont la plupart des quadraturiers. La force du ressort moteur étant donnée , il faut employer avec économie celles qu'il doit vaincre , par une diminution proportionnée à leurs effets ; or , la force motrice de la quadrature n'étant que l'excédant de ce qu'en emploie le rouage pour être mu , on doit partir de là pour régler la force des ressorts de chaque pièce , que l'on constituera de manière à n'en exiger des effets que suivant cette proportion.

D. Combien y a-t-il de ressorts qui font résistance au moteur ?

R. Il y en a cinq qui agissent tous ensemble contre lui.

D. Quels sont-ils ?

R. Ce sont : 1.° ceux des deux marteaux déjà très forts pour faire entendre leurs coups ; 2.° celui de la pièce aux quarts , qui doit être assez fort aussi, pour vaincre les ressorts des levées des quarts; 3.° celui de la levée des heures; 4.° celui du tout-ou-rien, auquel se joint encore celui du sautoir.

D. Voilà qui paroît incompréhensible. Quel est l'effet de ce prodige?

R. Bien des horlogers ont vu fonctionner des quadratures, sans avoir fait cette remarque. Tout dépend de savoir, comme je l'ai dit plus haut, proportionner la force propagative à la force motrice; il est vrai que celle-ci a son action du fort au foible sur les levées, comme la pièce aux quarts, etc.

D. Je ne comprends pas encore tous ces effets, et ne convient-il pas de les renvoyer à la fin?

R. Je m'y suis attendu, mais il importe de vous en donner l'idée, parce que les ressorts se faisant l'un après l'autre, vous connoîtrez mieux leurs proportions graduelles.

D. Quel est l'acier le plus propre à faire de bons ressorts?

R. Celui qu'on tire d'Angleterre, est celui qui convient le mieux ; les parties qui le composent étant plus égales, et plus serrées, on a, avec une moindre épaisseur, autant de force qu'avec un tiers de plus d'autre acier ; par conséquent les ressorts en seront plus élastiques, et se maintiendront mieux, surtout si les lames sont hautes.

D. Quelle forme doivent-ils avoir ?

R. La lame doit être en fouet, agir dans toute la longueur, et la tête être aussi solide que la place peut le permettre.

D. Comment doivent-ils être courbés et placés pour agir uniformément ?

R. Il faut les placer et courber de manière qu'ils fassent le moins de chemin en fonctionnant, qu'ils ne s'allongent ni ne s'accourcissent, afin que leur force ne se décompose pas.

Un ressort trop courbé durcit son effet, empêche les levées d'échapper, et perd de sa force quand il revient à sa place ; ce qui est très désagréable aux pièces à timbre.

D. N'y a-t-il point de différence entre

les ressorts des pièces à timbre et ceux des pièces sourdes ?

R. Ceux des pièces à timbre doivent être plus foibles avec plus de bande ; car il est bien prouvé qu'un ressort de marteau trop fort, frappant contre un timbre, en arrête les vibrations, comme nous le ferons voir en parlant des corps sonores.

D. Comment fixe-t-on les ressorts à la platine ?

R. Par une vis près de la lame, et un pied très petit, le plus loin qu'on le peut de la vis, de manière que la lame qui aura un intervalle avec la platine, puisse se mouvoir librement, sans que la tête fasse aucun mouvement : on ôtera les angles de dessous, qui pourroient causer des frottemens.

D. Quelle est la manière de tremper les ressorts, et quelle est leur degré de dureté ?

R. On les trempe dans l'huile après les avoir échauffés bien également à la couleur de cerise ; le degré pour les revenir doit être proportionné à la qualité de l'acier ; l'anglois doit passer le bleu , et il est très important qu'ils soient revenus également dans toute leur longueur.

D. Quand les ressorts se jettent à la trempe , comment faut-il les redresser ?

R. Quand cela arrive sur la hauteur, on se sert d'un marteau demi-tranchant, pour frapper obliquement le bord qu'on veut jeter. Si , au contraire, on veut donner ou ôter de la bande , on prend un marteau plus rond , et posant la lame sur du plomb , on frappe le côté qu'on veut amener.

D. Les ressorts qui sont minces et foibles ne risquent-ils pas de se brûler à la trempe?

R. Oui sans doute , ils se brûleroient s on les trempoit dans l'état de délicatesse où vous les voyez ; c'est pourquoi on les laisse plus forts, et on ne les affoiblit qu'après qu'ils sont trempés.

LEÇON IV.

DEMANDE. Quel est l'effet de la sourdine?

Réponse. La sourdine sert à intercepter les coups des marteaux, en les recevant à leurs extrémités pour les communiquer par un bras saillant au couvert de la boîte où est fixé un ressort avec un bouton qui la traverse ; en sorte qu'en appuyant le doigt sur ce bouton, les heures et les quarts frappent contre le doigt, moyen imaginé pour savoir l'heure qu'il est dans une compagnie lorsqu'on ne veut pas qu'elle s'en aperçoive : c'est utile aussi à une personne qui ne pourroit ni voir, ni entendre.

D. Quelle est la manière de l'exécuter?

R. Elle est toute simple. Quand les deux marteaux sont dans la cage, on la pose avec une vis à portée entre les deux

marteaux, au bord de la grande platine; elle a pour longueur la distance
d'un marteau à l'autre, et chaque bout
agit sur les broches des marteaux; savoir : sur le grand, en dedans de la
broche, et sur le petit, en dehors; en
sorte qu'en poussant le bras saillant
qu'on prélève du côté du petit marteau,
elle fait descendre les marteaux, mais
seulement du quart de leur levée. On la
fait arrêter ou contre le ressort du petit marteau, ou contre la clef; et comme le grand marteau doit faire plus de
chemin, on observera de le faire prendre un peu avant le petit. On perce
un trou au couvert de la boîte, vis-à-
vis le bras saillant dans lequel on fait
passer le bouton tenu par le ressort
qu'on fixera en dedans par une vis. Ce
ressort agit donc sur la sourdine, lorsqu'on pousse le bouton, et les coups
se sont sentir contre le doigt.

D. Quel est l'effet de la toque?

R. Elle sert à faire faire aux pièces à timbre l'effet des sourdes par un petit
mouvement de côté qu'on lui fait faire

au moyen d'un bras qui sort de la boîte;
elle se présente alors en face des marteaux, et reçoit les coups à peu près
comme la sourdine, excepté que celle-
ci agit sur son centre, au lieu que la
toque se présente sur sa longueur ; et
comme les deux bouts forment deux
masses qui appuyent sur la boîte, les
coups sont sourds , et peuvent faire
croire qu'il n'y a point de timbre.

D. Cette pièce étant attachée à la boîte
doit-elle appartenir à la quadrature ?

R. Non ; elle est entièrement inconnue
aux quadraturiers qui n'ont jamais em-
boîté : c'est pourquoi nous renver-
rons son exécution à la partie de l'emboîtage.

D. Quelle pièce fait-on immédiatement
après la toque ?

R. Cela est si arbitraire, que les uns font
la pièce aux quarts, d'autres, le tout-
ou-rien ; mais nous trouvons plus à
propos de faire la crémaillère.

*De la crémaillère et de ses effets avec
les poulies.*

D. Quelle est l'action de la crémaillère ?

R. C'est la première pièce (de la répétition) qui agit par l'impulsion de la
main sur le poussoir, et qui commu-
nique à toutes les autres ; le poussoir
pénètre sur elle par un petit talon qui
y est adapté ; elle tient à son extrémité
le bout de la chaîne, qu'envelope une
poulie placée carrément sur l'axe du
rochet intérieur qui fait frapper les
heures. Cette chaîne passe dans une
autre poulie près la crémaillère, pour
rendre l'effet plus doux ; en sorte que
la crémaillère étant poussée, tire avec
elle cette chaîne qui, en se dévelop-
pant, fait rétrograder le rochet d'autant
de dents que la crémaillère est poussée ;
ce qui est déterminé par le limaçon
des heures de douze degrés, contre lequel s'appuye un bras pris au centre
de la crémaillère ; de sorte que quand
le plus haut degré du limaçon se présente, la crémaillère ne fera rtérogra-
der qu'une dent du rochet, comme elle
le fera pour les douze, lorsque le degré
le plus enfoncé se présentera : ce mouvement se fait d'un seul coup, et aussi-

tôt le rouage tourne et fait frapper les heures. Chaque fois que le rochet est ainsi détourné par la crémaillère, il tend le ressort moteur enfermé dans le barillet que deux vis tiennent fixé à la petite platine, et au travers duquel passe l'axe du rochet qui, ayant un petit crochet, entre au bout du ressort percé, et l'enveloppe.

D. Pour bien comprendre cet effet, il seroit à propos de passer à l'exécution. Ne faut-il pas commencer par les poulies?

R. Le centre des poulies ainsi que leur diamètre étant fixé à la platine, en traçant le calibre, on peut s'y régler pour faire la crémaillère ; mais il vaut mieux les faire en même tems. Nous avons dit que celle qui tient la chaîne et l'enveloppe, entre carrément sur l'axe du rochet ; on comprend bien que plus elle sera petite, et moins la crémaillère fera de chemin pour la développer ; mais son effet en sera plus dur : on lui donne donc une juste proportion entre les deux avantages d'être court, ou doux. La grande poulie de renvoi ne servant qu'à conduire la chaîne, on la tient plus grande, et elle doit être mobile sur une tige que porte la platine, sans gêne ni vacillation; la chaîne doit entrer très librement dans l'une et l'autre. Le bout de la crémaillère viendra s'arrêter contre la poulie de renvoi, et tiendra l'autre bout de la chaîne par une vis à portée, qui entrera dans un anneau que porte la chaîne, et y tournera librement.

D. La crémaillère a-t-elle une forme déterminée ?

R. Non; son mérite est d'être très large et matérielle. Comme c'est la pièce qui souffre le plus, il arrive souvent qu'elle se casse dans les angles intérieurs, lorsqu'elle est échancrée, surtout quand le talon ou point d'appui est sur la même ligne du bras qui pousse fortement le limaçon des heures de douze degrés : cette résistance à l'action de la main la fait casser dans l'angle des deux bras, ou par le trou de la vis qui tient le talon, quand il se trouve vis-à-vis d'un des angles.

D. Quel est le rapport du bras de la crémaillère avec le limaçon, pour qu'il rencontre avec précision tous les degrés ?

R. Ce bras doit décrire une portion de cercle tirée depuis le centre de la crémaillère à celui du limaçon, et chaque degré du limaçon sera tracé sur cette ligne ; c'est aussi la seule proportion qui est déterminée pour cette pièce. Quand on a vu le chemin qu'elle doit parcourir pour faire détendre les douze dents par une révolution entière du rochet, on y laisse ensuite toute la largeur qui reste.

D. Comment se fait cette opération ?

R. Elle ne se fait que quand la pièce aux quarts est faite ; ce qu'on appelle *mettre la chaîne de longueur*. On commencera par fixer à la poulie le point de la chaîne qui doit être à l'angle des deux lignes tirées, l'une du centre de la crémaillère à celui du rochet, et l'autre au dehors des deux poulies qui indiquent le passage de la chaîne, et cela au moment où la douzième dent du rochet a fait rétrograder la levée, afin qu'en faisant frapper toutes les heures, il y ait encore un intervalle pour les quarts. Avant que la chaîne ait rempli la poulie, on mettra la pièce aux quarts avec le bras qui la mène, pour que les trois quarts ayant frappé après les heures, on coupe alors la chaîne du côté de la crémaillère, de manière qu'avec l'anneau elle entre juste dans la crémaillère, lorsqu'elle est au plus haut point de la platine.

D. Ne convient-il pas de marquer au carré du rochet le point de la chaîne ?

R. Ce repert n'est utile qu'à ceux qui ne connoissent pas la règle que nous venons d'établir, et qui sont embarrassés lorsqu'il n'y en a point. C'est pourquoi il est nécessaire de le faire.

D. Comment la crémaillère est-elle contenue ?

R. Par une clef ou pont assujetti par une vis et un pied ; ce dernier est préférable. Il faut qu'elle soit libre et

sans

sans vacillation, et surtout que son épaisseur soit égale.

De la pièce aux quarts et de ses levées.

D. Quelles sont les fonctions de la pièce aux quarts?

R. C'est celle de toutes les pièces qui a le plus de fonctions, et dont l'exécution exige beaucoup de précision : 1.° elle fait frapper les deux marteaux ; 2.° elle renvoie la levée des heures, pour l'éloigner des dents du rochet, de façon qu'il puisse tourner sans la toucher ; 3.° elle forme l'accrochement avec le tout-ou-rien, lorsque tout a frappé ; 4.° elle détermine le nombre des quarts par un bras qui tombe sur les degrés du limaçon des quarts.

D. Ne convient-il pas de faire les levées avant la pièce aux quarts?

R. Sans contredit ; pour cet effet on tire deux lignes de chacun des marteaux au centre de la pièce aux quarts ; on leur donne la forme d'une dent, dont la dernière pointe se présente sur la ligne ; leur longueur doit faciliter à le-

ver les marteaux, mais aussi étant lon-
gues elles obligeront la pièce aux
quarts à avoir de plus grosses dents,
et à parcourir un plus grand espace ;
de là, le limaçon des quarts sera plus
grand ; ce qui cause souvent des embarras que l'on doit prévenir : la règle
générale des ouvriers est de donner à
celle du grand marteau la même
longueur qu'à celle des heures ; celle
du petit marteau doit être un peu plus
courte et plus fermée.

D. Quel est le premier soin pour l'exécution de la pièce aux quarts ?

R. C'est de la poser sur la platine parfaitement droite et libre, au moyen
d'un canon qui la tient à tareau, et qui
entre dans une tige mise aussi à tareau,
bien solidement à la platine, et qu'elle
soit élevée au niveau de la bate ; on
l'approche ensuite des levées, en commençant par le petit marteau qui doit
être levé à motié avant le grand, afin
d'échapper avant. La distance de la
première dent se fait en reculant jusqu'au moment que le marteau, après

avoir échappé, revient au bord de la
platine ; on prend ensuite avec un outil
appelé *échantillon* cette juste distance
pour former les autres dents qui doivent être toutes bien égales. Quand la
troisième dent est faite, la levée du
grand marteau embrasse la pièce aux
quarts si juste, qu'elle semble ne former qu'une pièce. Au dessus est le bras
qui conduit la levée des heures hors
de prise des dents du rochet; quand
les trois quarts ont frappé de ce bras,
on en prélèvera un plus long et cintré
pour l'acrochement ; je dis plus long
seulement de ce qu'il doit avoir d'accrochement, pour que celui de la levée ne touche pas le tout-ou-rien en
allant et venant. Plus bas sera le grand
bras du limaçon ; sa hauteur sera déterminée par la distance du centre de
la pièce aux quarts à celui de la platine,
par un trait pris d'un centre à l'autre ;
c'est-à-dire qu'il doit passer juste à côté
de la tige du centre : sa longueur sera
depuis le pignon de la chaussée au passage des levées aux premieres dents

(un peu moins), afin que la piéce aux quarts descende au plus bas du limaçon, les levées ayant rétrogradé toutes les dents sans plus. On formera ce bras de manière qu'il puisse tomber sur chaque degré du limaçon, sans gêner, ni être retenu par les degrés du limaçon; on fera le passage du rochet, où puisse passer le canon de la pièce qui ramène, et on donnera au reste la forme qu'on voudra, en conservant à chaque partie une force proportionnée à son effet.

D. Peut-on placer indifféremment les chevilles qui la font mouvoir?

R. Au contraire, c'est ce qu'il y a de plus important, surtout pour celle qui fait mener la pièce aux quarts : le peu d'importance que plusieurs quadraturiers y mettent, cause les difficultés si fréquentes de frapper le dernier quart; ce qui arrive lorsque cette cheville est trop au devant de la pièce aux quarts, ou sous la premiere dent; si, au contraire, elle étoit trop avant ou sous la troisième dent, le premier quart auroit de la peine à lever : on en jugera par la règle suivante. La pièce aux quarts étant en place avec les levées, on marque un point de couleur, de manière qu'en faisant parcourir à la pièce aux quarts tout le chemin qu'elle doit faire, ce point se trouvera à la même distance du carré du rochet, lorsqu'elle est descendue aux trois quarts du limaçon, comme lorsqu'elle a frappé, et qu'elle est en son repos ; ce qui se trouve à peu près sous la deuxième dent : en cet état on est sûr que les quarts sont menés avec une force égale. Quoique la deuxième cheville ne soit pas aussi importante, elle doit être placée suivant la même règle : son effet étant de faire agir le ressort qui fait descendre la pièce aux quarts, la place du ressort étant fixée, on tirera un trait de compas du trou de la vis qui tient le ressort au bord de la pièce aux quarts, lorsqu'elle sera descendue, et un autre lorsqu'elle sera remontée en son repos ; le milieu de ces deux traits sera la place de la cheville.

D. Que résulteroit-il si on la plaçoit plus haute ou plus basse ?

R. Si elle étoit plus haute, le ressort seroit en opposition avec le centre de la
pièce aux quarts, et ne la feroit point
descendre ; plus basse, il perdroit sa
force avant qu'elle fût aux trois quarts
du limaçon, ce qui arrive très souvent,
et il ne fait son effet que par l'impulsion de la détente, au lieu qu'il faut
que la pièce aux quarts descende
d'elle-même sur chaque degré avec
la même force ; ce qui arrivera en suivant la règle prescrite.

D. Que faut-il observer pour la pièce
qui ramène?

R. Qu'elle entre d'abord bien carrément
sur l'axe du rochet ; que la goupille
partage son centre, et qu'après la
dernière heure sonnée, il y ait un petit
intervalle entre les pièces aux quarts
et les levées ; que lorsque la pièce aux
quarts est accrochée, le derrière du
bras ne s'arrête pas contre la cheville,
lorsqu'on veut faire détendre les douze
heures ; ce qui empêcheroit la crémaillère d'atteindre le limaçon pour faire
décrocher la pièce aux quarts.

D. Que dites vous de ces crochets mouvans que quelques‑uns placent sur la pièce aux quarts pour la faire ramener?

R. Qu'on gagne des forces en la faisant ramener loin de son centre; mais il faut que ces pièces soient faites dans une juste proportion, ce que chacun ne sait pas : j'en ai vu qui manquent leur effet parce qu'ils sont trop courts ou trop longs. Une cheville placée à la poulie, en gagnant la force centrifuge, seroit préférable; mais en suivant la règle décrite pour la position de la cheville, le bras étant ce qu'il y a de plus aisé à bien exécuter, il doit être préferé.

LEÇON IV,

Du tout‑ou‑rien.

*D*EMANDE. Quel est l'effet du tout‑ou‑rien?

R. Il en fait deux, et il porte aussi deux noms; celui de tout‑ou‑rien, à cause de son accrochement avec la pièce aux quarts qui l'empêche de descendre jusqu'au moment que la crémaillère, en poussant le limaçon des heures, l'oblige à s'éloigner assez pour laisser passer la pièce aux quarts, et frapper les heures et les quarts donnés par le limaçon ; si on ne pousse pas assez, et si la crémaillère n'atteint point le limaçon, le tout ou-rien-restant accroché avec la pièce aux quarts, le rouage tournera sans rien frapper : il est donc à juste titre appelé *tout-ou-rien*. Il est encore appellé *pont*, parce qu'il porte l'axe de l'étoile et le limaçon, formant avec la platine une espèce de cage dans laquelle il sont contenus.

D. Quelle forme doit avoir le tout-ou-rien ?

R. Aucune déterminée : les trous de ses axes étant fixés, comme nous l'avons fait, en traçant le calibre, l'un, par le passage du bras de la pièce aux quarts qui fait l'accrochement ; celui de son centre près du carré de fusée, pour en laisser passer seulement la clef, on communiquera ce trou a la pièce brute, ainsi que celui de l'étoile ; on le fait ensuite supporter à la platine par deux tiges, dont les portées sont assez élevées pour le tenir à la hauteur et au niveau de la pièce aux quarts, tous deux bien horizontalement et de même épaisseur ; on fait passer la pièce aux quarts, de manière que quand elle est remontée à son repos, le tout-ou-rien ait le trou de ce côté assez grand pour s'avancer dessous la pièce aux quarts, et la retenir avec précision. Pour cet effet, on donnera un trait de compas à chacun des bouts d'accrochement, pris depuis le centre du tout-ou-rien, comme étant celui de son mouvement, et on le limera sur ce trait, pour faire un accrochement solide et juste : ceux qui ne sont pas faits suivant cette règle, sont sujets à se décrocher à la moindre impulsion avant le tems. Cela fait, on donne à cette pièce la figure qu'on veut, observant de la laisser large pour sa solidité ; et comme il importe qu'elle ne puisse s'élever,

on l'arrête du côté de son centre par
une clef, et de l'autre par un ressort
placé sur lui-même, lequel entre dans
une entaille faite à l'excédant de la
tige, du côté de l'accrochement, qui
sert en même tems pour maintenir
l'accrochement, en repoussant le tout-
ou-rien contre la pièce aux quarts.

De l'étoile ; son effet avec le sautoir.

D. Quelle est la fonction de l'étoile?
R. L'étoile, composée de douze rayons,
porte avec elle le limaçon des heures,
de douze degrés ; elle sert à faire
changer l'heure, par le moyen de la
surprise, fixée sur la chaussée que
porte la tige prolongée de la deuxième roue du mouvement, appelée
grande-moyenne, au centre de la
platine, qui fait un tour par heure.
A chaque tour que fait cette pièce,
un bouton qui est prélevé, entre en
passant dans l'étoile, et la fait avancer d'un rayon, par conséquent d'un
degré du limaçon; elle est retenue
par le sautoir dont la figure angulaire,

en suivant les mouvemens de l'étoile,
la tient immobile pendant tout le
tems que met la surprise à faire son
tour, ce qui fait frapper aussi la même
heure pendant cet intervalle.

D. Quelles sont les règles à observer
pour faire l'étoile, et l'ajuster avec le
limaçon?

R. Elle devra être faite de bon laiton,
epurée au marteau, rivée, bien ronde,
sur un canon d'acier, sur lequel on
la fera fendre avec beaucoup de soin
en douze rayons bien égaux; elle par-
tagera avec le limaçon tout le vide
qu'il y aura entre le tout-ou-rien,
et la platine; et comme il faut aussi
un petit intervalle entre le limaçon
et l'étoile, on lèvera à celle-ci une
portée par-dessous, pour donner la
liberté au bras de la crémaillère de
passer aux degrés les plus enfoncés du
limaçon, sans toucher l'étoile; deux
vis placées diamétralement entre deux
rayons les tiendront solidement ensemble; le tout-ou-rien portera une
vis à tige, sur laquelle devront tour-

ner librement et sans vaciller, l'étoile et son limaçon.

D. Que pourroit – il arriver, si cette pièce n'étoit pas bien contenue ?

R. Par la forte impulsion de la main sur la crémaillère, son bras passeroit par-dessus ou par-dessous le limaçon, et feroit casser la tige ou le tout-ou-rien.

D. Qu'est-ce qui doit les garantir, et faire opposition à l'effort de la main sur des pièces aussi délicates ?

R. Votre remarque me plaît autant qu'elle est importante. Vous jugez bien que s'il n'y avoit pas un corps plus solide que les tiges, qui doivent être très fines, elles ne pourroient pas résister long-tems : le canon qui tient à l'étoile, passe aussi à la platine, et c'est là que se fait l'opposition ; et comme il faut qu'il se fasse un mouvement pour que le tout-ou-rien accroche la pièce aux quarts, on sera fort attentif de n'agrandir le trou de la platine que ce qu'il faut pour laisser passer la pièce aux quarts. Des négligences sur ce point ont causé les plus grands embarras aux remonteurs dorés, qui, ayant négligé cette précaution, cherchoient partout la cause qui, par fois, faisait frapper des heures de plus, suivant comme on avoit poussé fort.

D. Je vois des sautoirs de différentes formes : y en a-t-il de préférables par des règles déterminées?

R. Il y en a sans doute ; cette variété prouve l'ignorance où on est à cet égard Le sautoir devant agir sur l'étoile par le mouvement circulaire de la chaussée, et avec peu de force, il est clair que la moindre gêne, ou trop de résistance, peut causer l'arrêt de toute la machine ; il faut donc qu'il soit placé et formé de manière à agir avec douceur du côté qu'il est entraîné par le mouvement, et de l'autre avec énergie, pour renvoyer l'étoile, le limaçon et la surprise : il sera ajusté librement sur une tige très fine, sans aucune vacillation, et l'action du ressort se fera le plus près possible de son centre, afin qu'il y ait moins de resistance à l'extrémité du rayon, passage qui fait souvent varier ou arrêter les pièces. Le ressort doit être foible, et avoir beaucoup de bande, pour agir avec douceur et énergie ; il devra aussi contenir le sautoir, pour qu'il ne puisse pas s'élever ; on place aussi une clef pour le même sujet.

D. Je désire savoir la manière de diviser les degrés du limaçon : dites-moi si ce n'est pas le moment de le faire, et quelles en sont les règles.

R. C'est communément la dernière chose que l'on fait, et que les maîtres qui ont des ouvriers, se réservent, à cause des soins que cette opération exige. La division se fait par les douze rayons de l'étoile ; mais comme il faut que les douze degrés soient en rapport avec le bras de la crémaillère, celle-ci étant sur la platine, avec l'étoile et le sautoir, on marquera, sur le limaçon que l'on aura fait revenir bleu, pour en mieux distinguer les marques, le passage de la crémaillère au dehors du bras qui doit y entrer, en prenant au compas la distance du centre de la crémaillère ; ce qui donnera au limaçon un trait concentrique avec le bras : par ce moyen tous les degrés se rencontreront à la même distance ; on fera ensuite avec le tour, de l'autre côté du limaçon, douze traits circulaires pour enfoncer les degrés bien concentriquement.

D. Vous venez de démontrer la manière de diviser les degrés du limaçon ; comment enfonce-t-on chaque degré ? Cela se fait-il à la vue ?

R. Lorsqu'on a mis la chaîne de longueur, c'est-à-dire qu'en poussant pour faire rétrograder les douze heures avec facilité, les trois quarts frappent ensuite juste et librement, alors on raccourcit le bras de la crémaillère, jusqu'à ce qu'il permette de détendre une heure au plus haut du limaçon ; on entaille ensuite le second degré pour deux heures, et de même les autres jusqu'à douze, en essayant à chaque

degré. D'autres fois, on enfonce d'a-
bord le douzième degré, et on divise à
vue tous les autres ; mais ce qu'il y a
de difficile, c'est le passage immédiat
des douze pour revenir à l'heure juste,
sans perdre de tems ; car en poussant
à cinquante – neuf minutes et demie,
que la surprise à déplacé le limaçon,
il faut que la crémaillère puisse encore
pénétrer au fond, et que, pendant
qu'elle frappe, la surprise fasse avancer
le plus haut degré, pour présenter
l'heure, au cas qu'on repousse immédiatement après, parce qu'alors l'aiguille sera arrivée aux soixante minutes.

Le limaçon des quarts.

D. Le limaçon des quarts diffère-t-il de
celui des heures ?

R. Il a les mêmes effets, mais comme il
n'est divisé qu'en quatre parties, ses
degrés exigent moins de précision.

D. Quelle est la manière de le faire ?

R. La chaussée étant mise à frottement
sur la tige du centre, on mettra de longueur le bras de la pièce aux quarts,
en l'accourcissant, jusqu'à ce qu'étant

sur

sur le pignon de chaussée, les levées de deux marteaux ayent rétrogradé les premières dents de la pièce aux quarts, afin de pouvoir frapper les trois quarts. On fera une entaille au pignon de chaussée, propre à porter le limaçon, à la hauteur de la pièce aux quarts ; sa grandeur sera telle, qu'il ne puisse passer aucune levée, pour que l'heure frappe sans quart, et même avec sûreté ; on le divisera en quatre parties et par des traits concentriques ; on entaillera les trois degrés à la profondeur suffisante pour que les levées rétrogradent librement, en conservant la sûreté necessaire pour que, dans aucun cas, elle ne puisse échapper une dent de trop.

D. Quels sont les moyens qu'on emploie pour diviser avec précision les quatre quarts ?

R. Le moyen le plus sûr seroit le cadran ; mais comme les quadraturiers ne l'ont pas, ils se servent de la bate qu'ils divisent au compas en quatre parties égales, en commençant par le

F

point de midi, au milieu de la charnière. Au moyen d'une fausse aiguille
sur la chaussée, on fait tomber la
pièce aux quarts sur chaque degré, au
point marqué sur la bate; mais à midi
l'aiguille devra passer le point d'environ une minute, afin de laisser à la surprise le tems de faire changer l'heure.

D. Comme ce sont les indications du
cadran, sur lesquelles doit être réglée
la justesse de ces divisions, se trou-
vent-elles en rapport avec celles du
quadraturier?

R. Très rarement, et l'emboîteur qui
pose le cadran, est tenu de les vérifier, et de les conformer au cadran,
ainsi que le repasseur après lui.

De la surprise.

D. Donnez-moi, je vous prie, une description de la surprise, que peu d'horlogers savent expliquer.

R. Cette pièce ingénieuse est la dernière addition qu'on a faite à la quadrature; elle sert à faire changer

l'heure en un instant, de manière qu'en poussant à cinquante-neuf minutes et demie, la pièce frappera l'heure et les trois quarts, et qu'en repoussant d'abord après, elle donnera l'heure juste.

D. Avant cette découverte, comment se faisoit ce mouvement?

R. Au lieu d'étoile, le limaçon portoit une roue dentée, que la chaussée menoit par engrenages; mais il y avoit un moment précaire, pour passer le changement de l'heure; ce qui fit imaginer un ressort qui faisoit faire un mouvement au limaçon, et dont l'effet n'étoit ni précis, ni assuré.

D. Je désire ardemment d'exécuter cette pièce. Croyez-vous que je réussirai à la première?

R. Vous le pouvez si vous en avez saisi l'effet, et en suivant les règles ci-après.

Sa figure est conforme au limaçon, et quoiqu'elle soit très mince, on prendra cependant de l'acier assez épais, pour pouvoir y prélever un

bouton de forme triangulaire, qui
entrera dans l'étoile, ajustée sur un
petit canon prélevé à la chaussée ;
et quand elle aura passé librement
et sans intervalle, on la mettra à la
hauteur du limaçon, et conforme au
degré le plus enfoncé ; alors, et c'est
ici le plus difficile, la pièce aux quarts
étant descendue, on limera le devant de la surprise, jusqu'à ce que le
bouton ait conduit l'étoile au point
d'amener le sautoir au delà de l'extrémité du rayon, afin que lorsque
la pièce aux quarts remontera, la surprise sorte par l'impulsion du sautoir, en rentrant à sa place, pour
régler sa sortie : on percera un petit
trou, conjointement avec le limaçon ;
celui-ci portera une goupille bien
rivée, et on agrandira celui de la
surprise, pour tout le chemin qu'elle
doit faire ; elle sera ensuite retenue
par une goutte mise à frottement sur
l'excédant du canon de la chaussée ;
la surprise et le limaçon ensemble
ne doivent avoir d'épaisseur que celle

de la pièce aux quarts, qui tombe en plein sur les deux.

D. Ce grand ressort qui fait descendre la pièce aux quarts, a-t-il quelque importance?

R. Oui sans doute il en a dans sa forme, et dans sa position; il doit être placé de façon à agir sur la goupille d'une manière uniforme. Il y en a qui ne peuvent faire descendre la pièce aux quarts que par une forte impulsion qui cause un ébranlement, parce qu'ils sont en opposition, contre le centre de la goupille, et qu'ils ont perdu leurs forces au troisième quart. Il faut que la lame soit en ligne droite lorsque la pièce aux quarts est à moitié de son chemin, c'est-à-dire au deuxième quart; il sera posé, bien horizontalement : il faut qu'il ne presse point la pièce aux quarts; qu'il n'ait que la force suffisante pour entraîner et vaincre les deux petits ressorts des levées, qu'on aura soin de rendre aussi foibles que leurs fonctions le permettent.

Du ressort de fermeture, dit de cadran.

D. Le ressort de fermeture, est-il d'une exécution difficile? Pourquoi l'appelle-t-on ressort de cadran?

R. On l'appelle mal-à-propos ressort de cadran; c'est sans doute parce qu'il en est très près; son effet étant de faire fermer le mouvement dans la boîte, son nom doit être ressort de fermeture. En général, les ouvriers craignent son exécution, parce qu'il y a bien peu de place pour le poser, en raison de sa grosseur; on est gêné surtout pour conserver une bonne tête qui doit passer dans une entrée de la platine que le marteau fixe, et ne permet pas d'être aussi grande qu'il conviendroit; sa tête en talus excède la platine pour s'accrocher au bord intérieur de la boîte; on forme un bras, qui entre dans la boîte, et la surpasse de tout le chemin que la tête lui fait faire; ce ressort est le plus fort de tous, parce qu'il n'agit que par la main, et qu'il doit faire entendre son effet. On a remarqué que les plus courts sont ceux qui le font le mieux : il doit avoir toute la hauteur de la bate, et la joint autour du bord intérieur.

Des contre-ressorts.

D. Les contre-ressorts me paroissent être les dernières pièces que l'on doit faire et d'une exécution facile. Leur forme et leurs fonctions, sont-elles toujours les mêmes ?

R. Comme on les fait à présent, ils sont très simples ; il n'est question que de leur donner la forme que la place qu'ils occupent, permet ; mais ce qui n'est pas indifférent, c'est qu'ils soient bien contenus ; assez forts pour n'être pas élastiques comme quelques-uns l'ont cru, appuyant en plein sur une des tiges des marteaux ; il faut que les vis de rappel qu'on place à la bâte, soient très solides pour ne pas se détourner en frappant, et qu'ils agis- sent au milieu des contre-ressorts.

Trempe des pièces.

D. Maintenant que toutes les pièces sont faites, apprenez-moi la meilleure manière de les tremper, et quel est le degré de dureté le plus convenable?

R. Quoique nous n'en ayons pas parlé, dès la première pièce, il faut bien se garder de suivre l'usage de ceux qui les trempent toutes ensemble; les variations que la trempe occasionne, exigent que chaque pièce soit trempée dès qu'elle est faite et bien dressée sur une glace; celles qui agissent par frottemens, comme les levées, doivent être les plus dures, et revenues à la couleur d'or; les marteaux qui n'agissent que par leurs masses, et qui sont sujets à être relimés par les acheveurs, seront revenus bleu-de-ciel : c'est une erreur que de les laisser très durs pour obtenir un plus beau poli; il est connu que le bleu est celui qu'il faut.

La pièce aux quarts est de couleur rouge à ses extrémités, qui sont les parties frottantes, et bleue au centre; il en est de même du tout-ou-rien, et du sautoir des deux limaçons violets, la surprise bleue; la crémaillère et les poulies bleues, quant au ressort, nous avons dit qu'il devoit être bleu-gris.

D. Quel est le degré de chaleur, qu'il faut donner pour avoir une bonne trempe?

R. Il convient d'échauffer doucement toutes les parties et bien également, jusqu'à ce qu'elles ayent la couleur de cerise, afin qu'elles atteignent seule degré de dureté necéssaire; lorsqu'on les échauffe trop, on détruit les parties délicates qui composent l'acier; ce qu'on appelle *brûler*, et lorsqu'on répète plusieurs fois la trempe, l'acier perd sa qualité, et redevient fer.

D. Quel est le fluide le plus convenable pour tremper les pièces pour la quadrature?

R. L'huile d'olive pour toutes les pièces qui doivent avoir de l'élasticité, comme les ressorts, et l'eau pure pour toutes les autres pièces.

D. N'y a-t-il pas d'autres espèces de trempe?

R. Oui, tous les artistes qui manipu-

lent le fer et l'acier, ont des trem-
pes particulières, suivant les divers
genres d'ouvrages qu'ils font ; ce qui
contribue beaucoup à leur perfection.

D. Quand les pièces de quadratures
se courbent à la trempe, comment
peut-on les redresser?

R. De deux manières : les ressorts
qui sont revenus bleus-gris se redres-
sent sur du plomb, en frappant l'endroit élevé qui s'est jeté.

Quant aux pièces plates, qui doivent
être moins revenues , on verra en
les sortant de l'eau, s'il y a quelques
parties qui se soient jetées ; alors on
ne les reviendra que jaune, et pour
les redresser, on se servira d'un marteau tranchant, en posant les pièces
sur une bigorne ; on frappera le côté
creux : le marteau en s'imprimant ,
jette les deux extrémités , et redresse
très facilement. On les revient ensuite un peu plus, soit au degré où
elles doivent rester ; sans cette précaution, les pièces en les polissant ,
reprendroient leurs courbes primitives.

D. Ce passage immédiat de l'acier ma-
niable, à la plus grande dureté est
pour moi un problème, dont je voudrois avoir la solution.

R. Il est connu que la chaleur ouvre
les pores de l'acier, et le dilate, et
que le froid les condense et les resserre. Si, au moment de la plus
grande chaleur qu'on lui a donnée,
on fait passer une pièce au plus grand
froid, il se fait une contraction qui
resserre les parties qui composent l'a-
cier, au point que ne pouvant supporter aucun mouvement élastique,
elles se séparent facilement; ce qui
est prouvé par l'effet d'un ressort qui
reprend son élasticité, à mesure qu'on
le réchauffe ou qu'on le revient à la
couleur bleue.

Des roues de minutes.

D. Les deux roues, que je vois, font-
elles aussi partie de la quadrature?

R. Oui sans doute, ce sont elles qui
conduisent l'aiguille des heures, et que

les quadraturiers ne font qu'à la fin,
pour ne pas déranger les places que
chaque pièce doit occuper ; il s'en
trouve ordinairement une pour la
roue de renvoi, entre la crémaillère
et le carré du remontoir, auquel on
doit laisser le passage de la clef.

D. Ce roues ont-elles un nombre et
une grandeur déterminée ?

R. La grandeur peut être arbitraire,
mais pour l'ordinaire, on fait celle
du centre de la grandeur du limaçon,
et celle du renvoi plus petite du tiers
des dents. Quant au nombre, il doit
être tel que la chaussée qui porte
l'aiguille des minutes, fasse douze
tours pour un de la roue d'heures
qu'elle porte. Or, si la chaussée a
dix dents, et mène la roue de renvoi, qui en aura trente, elle fera
déjà trois tours pour un de cette roue.
Qu'ensuite celle − ci soit portée par
un pignon de huit dents, qui mène
la roue d'heures, qui en aura trente-
deux, elle fera encore quatre tours
pour un ; ce qui, étant multiplié

par les trois premiers, donnera à la chaussée douze tours pour un de celle des heures. Ces nombres sont arbitraires, pourvu qu'ils procurent cet effet.

Fonctions de la quadrature.

D. Maintenant que toutes les pièces sont faites, ne doit-on pas les faire fonctionner toutes ensemble, avant de les polir?

R. Oui sans doute, il faudra dépouiller la platine de toutes les pièces, la bien dresser avec une pierre douce, afin que l'acheveur n'ait pas besoin de la retoucher, à cause des changemens que cela occasionneroit : en replaçant chaque pièce, on s'assurera de nouveau de leurs effets.

D. Comme le ressort moteur donne l'action à toute la quadrature, n'exige-t-il pas de grands soins, tant dans sa forme que pour la manière de le faire agir?

R. On le tiendra le plus haut possible;

il faudra que sa force soit proportionnée à celle qu'il doit vaincre, qu'il soit uniforme, tant dans son épaisseur que dans sa dureté; ce que l'on connoît quand il se développe bien spiralement; qu'il soit très libre et point gêné dans sa cage; qu'il fasse trois tours et demi avec un arbre dont le diamètre ait le tiers de celui du barillet; que le crochet se trouve bien au milieu, pour qu'il ne cause aucun frottement.

D. Faut-il bander le ressort au troisième tour, et croyez-vous que toutes les pièces fonctionneront sans difficultés?

R. Vous voyez si le premier ou le deuxième tour a assez de force pour éviter de le bander au troisième, qui non seulement le fatigueroit, mais l'effet du passage en seroit trop dur; quant au second cas, si le rouage est bien libre, la force des ressorts des marteaux proportionnée à celle du moteur; qu'aucune pièce ne soit gênée par une autre; que la pièce aux quarts soit libre, ainsi que les levées. Il faut adoucir les parties frottantes, suivant leur action ; que la crémaillère, les poulies et la chaîne, ne soient point gênées dans leurs mouvemens, tous les frottemens inutiles diminués ou supprimés. Si tout cela est observé, les fonctions en sont immanquables.

LEÇON Vme

Pièce à demi - quarts.

D. QUOIQUE j'aye réussi à faire frapper les heures et les quarts, je ne suis pas encore satisfait ; on m'a dit qu'on pouvoit aussi faire frapper les demi-quarts : expliquez-moi, je vous prie, cet effet ?

R. Les demi-quarts donnent plus de précision aux répétitions, en ce que l'on peut dans la nuit savoir l'heure à sept minutes et demie près, en frappant un seul coup entre les quarts. Par exemple, à sept minutes et demie après l'heure, elle donnera un petit coup, plus foible que celui des heures ; à

vingt-deux minutes et demie, un double coup pour le quart , un petit coup
pour le demi-quart , et ainsi de suite.

D. Quelle augmentation cet effet fait-il
à la quadrature ?

R. D'une double pièce aux quarts, mobile sur la première , avec une seule
dent ; si c'est par le grand marteau ,
elle se trouvera parallèle avec la troisième dent : lorsque le bras qui donne
sur le limaçon , se trouve aussi parallèle , cette pièce à demi-quart ne fait
de chemin que de l'espace d'une dent
à l'autre pour se mettre en prise ,
lorsque le limaçon présente le degré
du demi-quart ; pour cet effet , on
place au côté opposé un sautoir libre ,
dans une vis à portée , qu'un petit
ressort fait mouvoir , et sur lequel
agit le bout de la pièce à demi-quart ;
ce qui sert à la faire passer , et à la
maintenir d'une dent à l'autre.

D. Je ne comprends pas encore bien
cet effet ; mais auparavant , apprenez-
moi la forme du limaçon.

R. Supposez d'abord un limaçon ordinaire.

naire, rivé sur la chaussée ; on en
place un autre par-dessus, au moyen
d'une vis, lequel est de même grandeur en tous ses degrés, divisé au
demi-quart du cadran.

Quand il y a un demi-quart à frapper,
le bras de la pièce aux demi-quarts
tombe sur le degré de son limaçon,
pendant que celui de la pièce aux
quarts tombe sur le sien ; alors la dent
du demi-quart se présente après le troisième quart, en forme une quatrième
qui, après le double coup, fait donner
un seul coup.

D. Je commence à comprendre cet effet
ingénieux ; mais il me reste à vous
demander ce qui fait agir cette pièce
aux demi-quarts, tant pour descendre
son limaçon que pour frapper son
coup.

R. Les mêmes agens de la pièce aux
quarts le sont aussi de celle aux demi-
quarts ; le ressort appuie également
sur les deux pour les faire descendre, et le bras qui mène la première pour faire frapper, mène aussi

la seconde, par le moyen de la goupille contre laquelle elle est arrêtée par une entaille qui a pour distance l'intervalle d'une dent à l'autre.

D. Cet ouvrage peut-il , sans difficulté,
s'adapter à une quadrature ordinaire
déjà faite ?

R. Je l'ai fait plusieurs fois ; il ne s'a-
git que d'avoir assez de hauteur sous
le cadran , de faire une autre levée du
grand marteau, qui s'élève jusqu'à la
pièce aux demi-quarts ; quelquefois la
pièce aux quarts est si dégagée, qu'elle
ne permet pas de placer le sautoir et
son-ressort ; il faut alors en faire
une autre : mais la surprise est ce
qu'il y a de plus difficile , parce
qu'elle doit avoir un bord prélevé,
pour venir atteindre le double limaçon des demi-quarts ; son effet
est d'ailleurs à l'ordinaire.

Des quadratures à réveil.

D. Donnez-moi la description des quadratures à réveil.

R. Les montres à réveil sont disposées

de manière à faire un bruit capable d'éveiller, par un ou deux marteaux mis en mouvement, et qui sont retenus jusqu'au moment que l'on a déterminé, par une aiguille au cadran, qui est en rapport avec une détente, qui a tenu le rouage en arrêt, et qui le laisse échapper, au point indiqué au cadran ; il frappe alors jusqu'à ce que le ressort soit entièrement épuisé.

D. Quel est le rapport de l'aiguille du réveil avec la détente ?

R. La détente est une pièce à deux bras, tenue à la platine par une vis à portée ; l'un des bras arrête le marteau par une petite broche qui traverse la platine, et l'autre vient poser sur une plaque à canon, qui entre à frottement sur celui de la roue d'heures ; elle fait par conséquent son tour en douze heures.

Pendant tout le tems que le bras appuie sur le bord de la plaque par un ressort, le marteau étant retenu par l'autre bout, ne peut frapper ; mais lorsque ce bras rencontre une entaille faite à la plaque , alors le bras s'éloigne du marteau, et lui laisse la liberté de frapper. Voyons maintenant son rapport avec le cadran. Les uns font marquer douze chiffres au grand cadran , et placent une aiguile sur la plaque de la détente ; d'autres font un petit cadran qui porte les douze chiffres ; l'un et l'autre se fixent carrément sur le canon de la plaque, laquelle tourne , comme je l'ai dit , avec la roue de cadran : il faut que l'entaille de la plaque se présente au bras à l'instant où le chiffre douze du petit cadran , se trouve dans la ligne de six heures du grand. Ainsi, chaque fois que le petit cadran fait un tour , si le réveil est monté , il marchera au moment où le chiffre douze se trouvera à la ligne de six heures. Dans cette position on place l'aiguille des heures qui a une petite pointe qui sera sur les douze du petit cadran , tandis que de l'autre côté elle sera aussi sur les douze heures du grand cadran : ainsi le réveil partira à midi , parce qu'en cet instant l'entaille se présente au bras. Si donc on tourne le petit cadran au chiffre un , l'entaille aura rétrogradé d'une heure, et ainsi de suite. On voit par là que, dans les réveils à cadrans il suffit de mettre le même chiffre qui représente l'heure à laquelle on veut être éveillé , sous la pointe de l'aiguille ; pour lors , la grande aiguille arrivant à l'heure en question , le réveil frappe.

D. N'y a-t-il pas plusieurs manières de faire des réveils ? Quelle est la plus avantageuse ?

ʀ. Plusieurs moyens ont été mis en usage pour obtenir un bruit plus fort et d'une plus longue durée ; il paroît que les plus anciens sont ceux qui produisent le mieux ces effets.

D. Pour juger du mérite de ces ouvrages , et parvenir à une bonne exécution , donnez-nous l'explication des uns et des autres.

R. Le principal dépend de l'intérieur ;

il s'agit de disposer le rouage d'une manière à remplir le but qu'on se propose, qui est toujours de mettre un marteau ou deux en mouvement, avec le plus de force et de durée possible. Les premiers qu'on a faits n'ont qu'un marteau circulaire, placé sur une verge, qu'une roue de rencontre fait agir de côté et d'autre ; comme cet échappement est fort près de la force motrice, il arrive que quoique la roue soit d'acier, elle se dénature en peu de tems.

On comprendra, d'ailleurs, que plus le ressort sera haut, et plus il fera frapper fort ; et que plus il sera long, et plus aussi il aura de durée : par exemple, si on donne à la première roue quarante-deux dents, et qu'elle fasse trois tours ; à la deuxième vingt-huit dents portant un pignon de huit ; à la troisième de champ, vingt-quatre pignons de six ; à celle de rencontre sept ; il frappera quatre mille deux cents coups, et durera l'espace d'une minute.

On tiendra le marteau aussi grand et pesant que la place pourra le permettre, on le placera dans la cage bien verticalement à la roue de rencontre, afin que son action se fasse toujours également et sans rechute ; les pivots de chaque roue doivent être proportionnés à la force qui les fait agir, sans quoi le rouage se détruiroit en peu de tems : on placera une petite broche à tareau près du centre du marteau, qui traversera à la platine, pour fixer le chemin qu'il doit parcourir par une entrée concentrique du centre du marteau ; elle sert aussi à le retenir par le moyen d'un petit ressort à fourchette, qui donne une réaction au marteau, et sert de contre-ressort, pour qu'il n'approche pas de lui-même le timbre. Cette broche sert encore à arrêter le réveil par l'effet de la détente, comme nous l'avons vu au commencement de cette leçon.

Réveil à deux marteaux.

Les réveils à deux marteaux, se maintiennent mieux que le précédent ; ils sont plus agréables par l'uniformité des coups de marteaux. J'en ai fait qui avoient deux timbres en accord ; on remarqua que cette consonnante harmonie tendoit plutôt à endormir qu'à éveiller ; ce qui m'en fit imaginer un autre, dont je parlerai ci-après.

La composition de ceux-ci est à-peu-près semblable aux rouages de répétition : la seconde roue a un pivot prolongé qui porte carrément au dehors de la platine une roue ou rochet d'acier, dont le nombre des dents est arbitraire, et suivant la vîtesse qu'on veut donner aux coups de marteaux. On comprendra aussi que plus il sera petit, moins il faudra de dents, mais qu'il agira avec plus de force sur les leviers : supposons-le de vingt dents, et que la première roue fasse quatre jours ; il donnera six cents quarante coups dans l'espace d'une minute ; par les nombres suivans, qui sont les plus ordinaires, la première roue aura quarante dents, la deuxième trente-six, portant pignon de dix, à cause du rochet que son pivot porte ; la troisième, trente-un pignons de six ; la quatrième vingt-six pignons de six ; la cinquième, vingt-quatre pignons de six et le deley ou volant, six ; ce dernier fera six mille huit cents quarante tours ; ce qui fait que cette espèce frappe des coups plus distincts, et d'une plus longue durée. On fera en sorte que les marteaux soient égaux en force, et placés à même distance du rochet : plus les dents seront petites et plus il faudra que les marteaux en soient près, pour que les leviers les fassent lever suffisamment, sans être retenus par les dents qui suivent. On disposera les levées de manière qu'elles agissent alternativement, au point que quand l'une échappe, l'autre commence déjà à lever. Les ressorts se trouvant en action tous les deux à la fois, ils devront être plus foibles qu'aux répétitions, avec plus de bande.

Ici, seulement, les contre-ressorts doivent être un peu élastiques, afin que les marteaux en reçoivent une réaction qui les tiendra plus éloignés du timbre, pour laisser circuler ses vibrations.

Quant au ressort moteur, on comprend bien que c'est lui qui décide la force des coups de marteaux, et leur durée ; qu'on doit, par conséquent diriger le calibre, de manière à le tenir le plus grand et le plus haut possible : il faut qu'il fasse faire quatre tours, et qu'il y ait un demi-tour, tant pour l'excédant de sa bande, que pour l'arrêt qui doit se faire subitement avant les derniers coups qui seroient désagréables si on le laissoit écouler entièrement.

D. Comment se fait cet arrêt ?

R. Le carré du remontoir porte carrément un petit bras, qui à chaque tour passe dans les dents d'une petite roue d'acier placée tout près, et tenue à frottement doux, afin de rester en place, et au quatrième tour, ayant plus d'entaille, le bras s'arrête; de même, en se détournant pour faire frapper, les mêmes dents se représentent en rétrogradant, et le bras est arrêté. Cette roue aura donc trois dents et quatre vides : on la fait tenir par un pont d'acier élastique; mais le mieux est d'y faire au côté opposé trois autres dents en étoile, sur lesquelles agit un ressort à sautoir, qui la maintient toujours en prise au bras.

A la fin de cette leçon je vous expliquerai les différentes formes de détentes qui font agir les réveils à volonté ; en attendant je vais vous donner la description d'une troisième espèce de réveil qui n'a pas les inconvéniens des précédens, savoir : quant au premier, de se dénaturer facilement, et d'avoir beaucoup d'ouvrage , en occupant une grande place dans l'intérieur ; le second , par sa lenteur et son uniformité , tend plutôt à endormir qu'à éveiller ; et , comme on a remarqué que ce sont les premiers coups qui éveillent , ils doivent par conséquent être prompts et forts ; ce qui ne peut pas être lorsque les marteaux sont éloignés de la force motrice. Celui-ci n'a que deux roues , dont la seconde est celle qui fait agir le marteau par un échappement à ancre , qui , quoiqu'il donne mille deux cent quarante-huit coups , est plus vîte écoulé que les précédens ; mais aussi son effet est si prompt , qu'il ne manque jamais d'éveiller , même à une grande distance ; il a de plus l'avantage d'occuper moins de place , et de pouvoir même s'adapter à des montres déjà faites.

J'ai tiré cette idée des réveils de pendules , et je ne crois pas que personne avant moi ait pensé de l'appliquer aux montres ; il est assez généralement suivi, et je vais vous en démontrer l'exécution.

Réveil à un marteau par échappement à ancre.

La première roue sera élevée au tiers de la cage, pour laisser passer par dessous le marteau ; le surplus sera pour le barillet ; comme il exige moins de force que les précédens, on ne sera pas si gêné pour la hauteur, et il pourra faire plus de tours : cette roue aura quarante-deux dents ; elle mènera un pignon de sept, qui portera la roue d'échappement de vingt-six dents en rochet, laquelle agira sur l'ancre qui porte le marteau ; ce qui donnera, en supposant quatre tours de la première, mille deux cent quarante-huit coups. Quand le barillet peut se tenir grand, on peut avoir six tours, parce qu'il faut le ressort foible ; ce qui augmentera, par conséquent le nombre des coups de marteaux. Ce rochet d'échappement passe dessus la première roue, ou si on veut par-dessous ; mais si on est gêné pour le dedans, on le place au dehors de la platine sur le pivot prolongé du pignon de sept ; en ce cas, la tige qui porte le marteau, aura aussi un pivot prolongé, sur lequel sera mis carrément la petite ancre que le rochet fait agir. Il ne reste alors dans la cage que la première roue, et son barillet par-dessus, qui n'occupe que très peu de place, parce que le marteau passe entre les roues.

Différentes détentes de réveils.

On donne ce nom aux pièces qui tiennent en arrêt le rouage, et le laissent échapper à l'indication fixée au cadran ; cependant, on les distingue en détente et bascule ; les premières sont celles qui agissent autour d'une plaque circulaire que porte la roue de cadran, et sur laquelle est fixé un petit cadran, ainsi que je l'ai expliqué plus haut ; mais lors-

qu'on préfère une simple aiguille ,
qui , par les chiffres ordinaires des
heures , sert pour le réveil , alors la
détente s'appelle bascule , et son effet
est différent , ainsi que nous le verrons ci-après.

L'aiguille est mobile à frottement sur le
cadran par un canon prélevé , auquel
on fait une rainure à fleur du dessous , dans laquelle passe une clavette d'acier mince , qui la contient ;
au-dessus, et parallèlement à l'aiguille,
on fait un trou ou une entaille , dans
laquelle une goupille fixée à l'aiguille
des heures , entre lorsqu'elle se rencontre sur celle de réveil ; la bascule
est une longue pièce d'acier en forme
de levier, qui se hausse et se baisse,
placée sur la platine, en ligne droite,
dans un plot entaillé , et tenue par
une goupille qu'un petit ressort fait
agir ; un des bouts sert à arrêter le
marteau , s'il n'y en a qu'un , ou le
rouage s'il est à deux marteaux ; l'autre
bout appuie sur la roue des heures
par un frottement doux que fait le

petit ressort de la bascule : dans cet état, le marteau ou le rouage doit être libre ; mais lorsqu'on place l'aiguille des heures de façon que la goupille qu'elle porte, entre dans l'entaille de celle de réveil, et qu'on fait tourner les aiguilles à l'ordinaire, alors, celle des heures sortant de l'entaille, s'élève, et lève avec elle la roue qui fait baisser la bascule du côté du marteau, et l'arrête pendant tout le tems que l'aiguille d'heures ne rencontrera pas l'entaille dans laquelle elle entre toujours avec promptitude, et suivant la force du petit ressort : toutes les fois donc que les deux aiguilles se rencontrent, le réveil part ; ainsi on ne peut pas se tromper d'indication, puisqu'en tournant l'aiguille de réveil, à gauche, sur l'heure à laquelle on veut être éveillé, il ne manquera pas son effet, lorsque celle des heures y arrivera.

Le même effet se fait aussi par un mouvement contraire : la bascule, au lieu de presser sur la roue d'heures pour

la

la faire descendre, la prend par dessous en forme de fourchette à deux
bras, et la tient toujours élevée; cette
roue porte un bouton; et la plaque
attachée sous le cadran pour retenir
l'aiguille, comme je l'ai dit, un trou,
dans lequel se jette promptement la
roue d'heures. Par le bouton qu'elle
porte, y étant pressée par le ressort
de la bascule, alors la roue s'élève,
et dégage le rouage ou le marteau,
qui doivent être retenus lorsque la
roue est baissée. On placera l'aiguille
des heures sur celle du reveil au moment ou le bouton est entré dans le
trou de la plaque, et que le reveil
agit; alors en tournant les aiguilles,
on verra celle des heures s'abaisser,
tenir le reveil en arrêt jusqu'à ce
qu'arivée à l'heure fixée, comme au
précédent, le bouton entrant dans
le trou dégagera le rouage.
Plusieurs personnes donnent la préférence à celui-ci parce que le frottement est plus doux que l'aiguille des
heures est toujours baissée jusqu'au

H

moment où le reveil part qu'elle s'élève pendant une heure de tems; mais aussi, tout étant caché, si quelque gêne empêche la roue de s'élever on est souvent embarrassé d'en trouver la cause, au lieu qu'au précédent tout le mystère est à découvert, chacun peut facilement le faire fonctionner.

D. Je comprends fort bien tous ces effets mais permettez que je vous fasse une demande que personne, n'a peut-être jamais faite. Pourquoi, ne fait-on pas des reveils à minutes; il pourroit y avoir des cas où cette précision seroit necessaire; en ce cas, y auroit-il des moyens de l'exécuter?

R. Il est vrai qu'on n'en demande pas ou que ceux à qui on les demande y mettent trop d'importance et des prix trop haut; cependant, les difficultés ne sont pas insurmontables, comme vous allez le voir par l'explication suivante.

Nous avons vu que les reveils à dédente ont un petit cadran divisé en douze parties, porté par un canon à plaque, mis à frottement sur celui de la roue d'heures; que cette plaque a une entaille dans laquelle entre la détente pour dégager le marteau.

On ajustera de même sur la chaussée des minutes un cadran de plaque, lequel portera un petit cadran, où seront gravées soixante minutes. La détente aura deux bras, dont l'un portera sur la plaque des heures et l'autre sur celle des minutes; par conséquent elle ne peut tomber pour dégager le marteau, que les deux entailles des deux plaques à canon ne se présentent; de sorte que quand on voudra faire sonner le reveil on placera sous la queue de l'aiguille des minutes celle à laquelle on veut être réveillé; par exemple, si on veut que ce soit à quatre heures et dix minutes, on tournera le chiffre 4 sous la queue de l'aiguille des heures; ensuite le chiffre 10 du petit quadran, sous la queue de l'aiguille des minutes, le reveil sonnera juste aux indications, sans qu'il puisse s'en écarter; on verra facilement, que la détente ne peut tomber que lorsque les deux entailles se présentent; ce qui arrive, lorsque le chiffre 6 se rencontre avec les trente minutes à midi.

SECONDE PARTIE.

LEÇON VI.

Sur l'établissement des répétitions à timbre.

D*EMANDE.* De quelle manière faut-il conduire l'établissement des répétitions pour leur faire rendre des sons les plus harmonieux possible ?

Réponse. Le rouage et la quadrature étant disposé suivant les règles que nous avons établies, le premier objet sera de faire choix d'un bon timbre , dont la grandeur et la hauteur soient telles qu'il n'en faille point ôter , parce que la matière qui donne des sons est proportionnée à sa forme , en sorte qu'on ne peut en ôter sans diminuer beaucoup ses vibrations.

D. Comment détermine-t-on la grandeur, et la hauteur du timbre ?

R. La grandeur intérieure se mésure par la grande platine qu'on fait entrer juste , et pour la hauteur , on fait entrer la cage avec le coq , en observant que le bord du timbre , ne vienne pas tout-à-fait joindre celui de la grande platine ; mais l'une et l'autre sont arbitraires.

D. Comment celà ?

D. Parce qu'il arrive quelquefois que les grandes platines sont trop petites , qu'il y a des piéces qui la débordent, comme le barillet , la grande roue , la roue de champ , la roue du rouage de sonnerie , les levées , etc. etc. lesquelles pièces toucheroient au timbre s'il étoit juste à la platine ; et lorsqu'on n'est pas gêné pour la forme de la boîte et que l'on veut qu'une répétition sonne bien , il faut que le rouage soit libre dedans ; il en est de même pour la hauteur. On voit par là que plus un timbre aura de grandeur et de hauteur spécifiques et plus il rendra de sons.

D. Avant de passer cet article des timbres , voudriez - vous m'expliquer quelle est cette matière qui forme les sons agréables, d'où ils dépendent, et comment ils se transmettent à nous, par une description des corps sonores?

R. Je devrois vous renvoyer aux leçons de physique expérimentales ; mais comme je me suis engagé à vous expliquer tout ce qui a rapport à la répétition , je vais vous apprendre ce que je sais des corps sonores.

Définition des corps sonores.

On appelle corps sonores , ceux dont les sons, après le choc , ou le frotement qui les fait naître , sont distincts et comparables entr'eux , et de quelque durée.

Si la matière du timbre , n'étoit point poreuse , toutes les circonférences concentriques qui composent la largeur d'un anneau et qui font l'épaisseur du timbre , seroient autant de lignes pleines ; et sans interruption quand on frappe extérieurement le bord d'un timbre qui est un anneau élastique , toutes les parties qui le composent comme autant de petits ressorts , sont mis en mouvement et forment des vibrations qui agitent l'air qui les environne et nous les font appercevoir ; cependant , ces vibrations se passeroient dans un parfait silence s'il n'y avoit entre le timbre et nous quelque matière capable de recevoir et de transmettre cette espèce de mouvement. C'est donc à ces parties qui en frémissant agitent l'air , que le son doit être attribué.

D. Pourquoi , par exemple , fait-on les timbres d'un métal composé, et quelle est cette composition ?

R. C'est que tout métal composé est plus dur , plus roide par conséquent plus élastique que les metaux simples qui entrent dans le mélange ; et comme les corps sonores le sont d'autant plus que leurs parties ont plus de ressort. On allie la matière des timbres pour en tirer plus de son ; sans cet alliage aucun métal ne rendroit des sons.

D. Y a-t-il des règles qui enseignent à réunir plusieurs timbres qui forment des tons différens comme les carillons en montres ou pendules ?

R. Lorsqu'on doit unir plusieurs tons par les timbres dont les accords ne sont autre chose que les différens rapports des nombres des vibrations, entr'eux. Puisque je sais que l'octave doit s'entendre toutes les fois qu'il y a deux vibrations contre une ; la quinte quand il y en a trois contre deux, etc. etc. ; je puis donc en toute sûreté conclure ces rapports de nombres par les accords que j'entends. Ainsi quand mes deux timbres sont à l'unisson, il est certain que leurs vibrations sont égales, et de même, quand elles sont d'accord à l'octave ou à la quinte etc. etc. On voit par ces résultats qu'en réglant la grandeur et la hauteur des timbres, on aura des accords qui dépendent essentiellement de ses proportions, quand le diamètre de l'un est à celui de l'autre comme trois est à deux.

D. Expliquez-moi encore pourquoi la moindre fêlure d'un timbre en arrête les vibrations ?

R. Un timbre fendu ne peut continuer ses vibrations, parce que les bords de la fente se heurtent réciproquement, et font l'un à l'égard de l'autre ce que pourroit faire un corps étranger qui toucheroit le timbre, le son seroit moins interrompu, si au lieu d'avoir une simple fêlure elle étoit entr'ouverte de la largeur qu'à l'épaisseur, d'où il suit qu'en pareil cas, en remplissant la fente d'une soudure d'étain on redonnera cours aux vibrations du timbre, ce qui m'a souvent réussi, surtout quand la fêlure est au milieu.

D. Quelles sont les observations à faire, tant pour la forme du timbre, que pour la manière de le placer dans la boîte pour lui faire rendre le plus de son.

R. Il faut que le timbre soit parfaitement uniforme dans son épaisseur, comme dans les côtes du cercle, c'est-à-dire qu'il n'y ait pas plus de matière d'un côté que de l'autre, sans quoi les vibrations s'arrêtent dans les inégalilités, et ne peuvent se propager.

Je crois avoir suffisamment démontré l'effet des corps sonores, pour que ceux qui sont dans le cas de les mettre en usage puissent le faire avec tout l'avantage possible, surtout dans les montres à répétition, où les timbres qu'on y place, ne peuvent occuper qu'un très petit espace, et où, par conséquent, il faut les plus grands soins pour mettre à profit tout ce qui peut concourir à procurer le plus de son aux montres sonnantes : pour y parvenir avec quelque succès, on observera les articles suivans :

1.ª Comme le vide de la boîte contient un volume d'air qu'on peut appeler la partie sonore ; Il est absolument nécessaire, qu'elle ait de l'espace et des trous pour communiquer à l'air extérieur les vibrations du timbre. Il est absurde de vouloir exiger des sons d'une pièce resserrée de toutes parts, et renfermée dans une boîte très forte. La comparaison suivante, suffira pour le prouver.

Un homme renfermé dans une chambre

se fera entendre suivant qu'elle sera plus ou moins grande ; le choc de sa voix frappant un plus grand volume d'air le communiquera avec plus de force à une plus grande étendue ; mais si les parois sont épaisses , l'air ayant plus de peine à les traverser, communiquera moins la voix au dehors : ce dernier cas doit être appliqué non-seulement aux boîtes trop petites , mais seulement à ceux qui étant épaisses doivent nécessairement être plus grandes, en raison de leur épaisseur. La forme des boîtes, la manière de les forger, souder et assembler , étant d'une grande importance pour la perfection des montres sonnantes ; on verra dans la leçon suivante quels soids doivent prendre les ouvriers de cette prrtie, d'après les meilleurs auteurs.

D. N'y a-t-il pas d'autres soins qui dépendent de l'emboîtage , et qui contribuent aussi à faire bien sonner les répésitions ?

R. 1.° Puisqu'on fait subitement cesser le son d'un timbre en le touchant avec quelqu'autre corps , en interrompant les vibrations ; on voit par là combien l'emboîteur doit être attentif à en éloigner toutes les pièces qu'il place dans la boîte , ainsi que de celle de la quadrature qui approche le dedans du timbre.

2.° Il devra être posé parfaitement au milieu de la boîte , et bien horizontalement ; c'est une erreur de croire, comme quelques personnes, que l'assiette du timbre et la boîte doivent être très petites , de même que la vis qui le tient. Il vaut mieux, au contraire , que l'un et l'autre aient plus de force , pour que le timbre étant posé ne puisse faire aucun mouvement qui nuiroit aux vibrations.

3.° Les marteaux qui ont une large surface interceptent les vibratians , en ce qu'ils empêchent l'air de se mouvoir autour du timbre , et le compriment , d'ailleurs le choc se fait trop bas , il ne doit se faire qu'au bord du cercle , à la profondeur d'une ligne au plus pour le grand marteau et de la moitié pour le petit.

4.° Le point du contact des marteaux ne doit pas être trop large, parce qu'ils absorbent le son ; s'ils sont trop étroits, ils ne l'expriment pas assez : leur largeur doit être de l'épaisseur du timbre, et il faut les arondir de manière qu'ils ne touchent qu'au milieu.

5.° Les contre-ressorts doivent être épais, et solidement posés, afin de résister à l'action des marteaux.

6.° Les ressorts souples et élastiques, se mouvant dans le fond d'une courbe à peu près droite, doivent avoir beaucoup de tention sans être fort épais.

7.° Les dents des pièces qui font lever les marteaux, doivent avoir assez de distance entr'elles pour que les levées en faisant parcourir un grand espace aux marteaux ils ne puissent jamais retomber sur les dents suivantes. Il faut leur laisser, au contraire, un peu d'espace pour qu'ils ne soient pas retenus, lors même qu'on les feroit ressortir par l'effet des contre-ressorts.

Nous finirons cette leçon en vous observant que cette matière devroit être
traitée complètement, parce qu'elle
est entièrement ignorée des horlogers, et qu'on n'en trouve aucune description dans les traités
d'horlogerie ; je vous expliquerai les
formes convenables que les boîtes
doivent avoir, et quelle est la forme
la plus avantageuse que les boîtes
doivent avoir pour rendre les montres
à répétition plus sonores.

D. La forme d'une boîte à répétition
contribue–t–elle à rendre le son harmonieux ?

R. Quelques soins que l'horloger prenne
pour les disposer à bien sonner, il
ne peut y réussir sans le concours
du monteur de boîtes, et on ne croit
pas qu'il en fasse la partie principale ; le peu de répétitions que l'on
entende sonner distinctement prouve
l'ignorance qui règne à cet égard.

D. Comment celà ?

R. Parce qu'on voit commeunment des
boîtes destinées à des répétitions sour-

des, faites comme il les faut pour celles à timbres, et celles-ci comme
pour les premières ; ce qui prouve
combien les règles sont variables , et
le peu de soin qu'on prend pour faire
les boîtes.

D. Quels sont les principaux soins
qu'exige l'exécution de la boîte ?

R. Il faut 1.° que la plaque dont on fait
le fond de la boîte soit forgée bien
également ; 2.° que sa courbe soit
conforme à celle du timbre , afin
qu'ils s'éloignent insensiblement l'un
de l'autre , depuis le centre , lorsque
la boîte est trop ronde , et le timbre
plat ; la base du timbre approche trop
la boîte , et comprime dans le centre
ces vibrations.

3.° Les amas de soudures faites inégalement, arrêtent beaucoup la circulation de l'air , qui nous transmet les
sons, et cause des vibrations courtes
et lentes.

4.° La forme du fond étant, comme
nous l'avons dit , il n'est pas nécessaire qu'elle ait autant de profondeur;

il

il vaut mieux que le timbre ait du jeu autour du cercle que dans le fond; ses vibrations ne se font qu'autour du cercle ; d'ailleurs , la forme en sera plus avantageuse. On voit communément des boîtes très resserrées dans les côtés , avoir en profondeur la place d'un timbre de trop , et n'en pas sonner mieux.

D. Les monteurs de boîtes ne donnent-ils pas les boîtes dans les formes qu'on leur demande ?

R. Cela ne se fait pas toujours , ni avec assez d'attention ; ils inclinent plutôt pour la forme qui leur donne le moins de peine et qui est celle que nous venons de décrire. D'ailleurs , les fabricans croient donner plus de mérite à leurs montres en les faisant paroître serrées et petites ; je suis bien persuadé qu'il n'est personne qui ne préférât une répétition bien sonnante qui paroîtroit un peu plus grande qu'une autre plus serrée , qui sonneroit foiblement , quand on les compareroit l'une à l'autre.

I

D. N'y a-t-il pas d'autres corps sonores applicables aux montres sonnantes, que les timbres dont vous venez de parler, qui, en occupant moins d'espace dans les boîtes qu'on voudroit resserrer, les rendit aussi plus légères?

R. Votre question n'est pas nouvelle, elle m'a souvent été faite, et voici les essais que j'ai faits à cet égard. Nous avons dit que tous les corps composés de parties serrées et élastiques, pouvoient produire des sons par les vibrations dont ils sont susceptibles; or, l'acier est de ce genre, quand il est dans sa pureté, et amené en lames capables de vibrer; il a de plus cet avantage que pouvant placer plusieurs lames, on peut avoir aussi des différens tons harmoniques, comme pour les quarts, former un accord de tierce, plutôt majeure que mineure; mais en vous rappelant ce qui a été dit des timbres, que plus ils avoient de matières spécifiques, et plus ils rendoient des sons, on ne

peut pas exiger que des lames d'a-
cier très minces donnent des vibrations aussi fortes , cependant elles
suffisent pour être entendues très
distinctement dans toute l'étendue
d'une chambre ordinaire.

D. Voilà qui me paroît intéressant ;
voyons maintenant comment celà
s'exécute ?

R. Je ne vous parlerai point des divers
essais qui n'ont pas produit l'effet
que j'en attendois ; comme de placer les lames au dedans de la boîte,
qui, ainsi que les timbres trop grands,
font que les vibrations se coupent et
se confondent par l'air intérieur,
avec l'extérieur , qui seul transmet les
sons à nos oreilles ; mais les lames
placées sur le bord de la platine ou
batte, fort près des marteaux , dont
le point du contact doit être terminé
en pointe , afin de pénétrer les lames
en raison de leur délicatesse, en frappant près de leurs centres ; ces lames
doivent être circulaires comme le
cercle des timbres , afin que les vi-

brations se prolongent sur toutes leurs longueurs ; elles seront tenues solidement par une tête serrée en deux vis ; celle du grand marteau sera très longue autour de la platine , et aussi haute que possible , elle formera le premier ton d'*ut* ; quant à celle du petit marteau que l'on veut de deux tons plus haut qui est *mi* , formant l'accord , on tiendra sa lame un peu plus épaisse , terminée en fouet ; si le ton est trop haut, on la diminuera près de son centre , jusqu'à-ce qu'on ait l'accord parfait.

D. Quel est l'épaisseur précise que doivent avoir ces lames, et convient-il qu'elles soient durcies par la trempe ?

R. Pour satisfaire à cette demande , il faut d'abord observer la force des coups de marteaux , parce que plus ils auront de poids et de force , et plus les lames devront aussi avoir d'épaisseur , en les amincissant jusqu'à-ce qu'on les voye vibrer ; les moyennes ont environ l'épaisseur d'une bonne carte ; quant à la trempe elle joue ici le plus grand rôle en resserrant les parties qui composent l'acier et les rend homogènes , leur donne l'élasticité, qui forme les vibrations , ce qui n'est pas le moins difficile ; car si les lames ne sont pas échauffées , et durcies également , les vibrations seront interrompues , inégales , et forment un frémissement foible et désagréable ; de même , si on les échauffe trop , ou plusieurs fois , l'acier perd son flogistique , et par conséquent son élasticité ; pour cet effet on doit la rougir à la couleur de cerises , non au chalumeau qui est trop pénétrant, mais comme les grands ressorts sur des charbons tendres , et bien écrasés ; on les reviendra ensuite au violet bien également; il convient aussi de les adoucir avant la trempe.

D. Pourroit-on savoir ce qui a donné lieu à l'application de ces lames, en substitution des timbres ?

R. Je ne vous cacherai point ce qui m'a conduit à ces diverses expériences;

considérant ces petits instrumens de fer, portant une lame d'acier élastique, que les enfants tiennent à la bouche et en tirent des sons assez forts ; à l'aide d'un miroir je vis cette lame former des vibrations, qui agitant l'air intérieur de la bouche, semblable à une boîte de montre, devenoit sonore par la répulsion, à l'air extérieur, et acquéroit plus ou moins de force, suivant l'épaisseur, la largeur, et la dureté de la lame ; j'en fis promptement de plusieurs sortes, et je parvins à en tirer des sons très harmonieux ; enfin, je plaçai sur le même format, quelques lames différentes, et j'obtins des accords par lesquels je pus exécuter des airs très distincts ; ce qui me conduisit à les adapter à nos montres sonnantes ; et comme cet usage est maintenant très suivi, je ne suis pas fâché de vous en avoir donné une description, un peu étendue.

LEÇON VII.

De l'emboîtage des répétitions à timbre.

D. En quoi consiste cette partie de la répétition qu'on appelle emboîtage ?

R. L'emboîtage, proprement dit, ne consiste qu'à placer toutes les pièces dans la boîte, à les faire ouvrir et fermer avec le poussoir, etc. ; mais qu'on a joint à cette partie, une des plus difficiles, le repassage de la quadrature, ensorte que, pour exécuter ces parties, il faut être consommé dans les effets de la quadrature, comme nous le verrons dans les leçons suivantes.

D. Dans quel état est une répétition lorsqu'on la donne à emboîter ?

R. Le rouage doit être fini, ainsi que la quadrature, elle devroit être remontée, au lieu qu'on les remet en pièces, souvent même en mauvais état; la boîte est brute, et contient la cage et le timbre.

D. Quel doit être le premier soin pour l'emboîtage ?

R. Il faut 1.º examiner si la boîte est bien conforme à la pièce qui doit y être emboîtée ; 2.º si elle a la hauteur et la grandeur convenables pour que le timbre ait le jeu nécessaire pour bien sonner ; 3.º si la bate n'est point trop foible, et si elle entre avec solidité dans la boîte ; 4.º si le fond de la boîte est conforme à celui du timbre etc. , lorsqu'il se rencontre quelques-uns de ces défauts, il faut les faire rectifier avant d'emboîter.

D. L'emboîteur pose-t-il le canon du poussoir et le carré qui porte le timbre ?

R. Oui, il commence toujours par là, mais il est souvent gêné pour cette position importante par l'emploi de la place que le monteur de boîtes en a déjà faite au hazard pour ne pas perdre les pièces de rapport, placées autour du canon, et que l'on appelle *gouttes*.

D. Quelles règles faut-il observer pour placer le canon du poussage ?

R. Le dessus du trou où passe le poussoir doit être au niveau du plan horizontal de la bate ; s'il étoit plus bas il ne pousseroit pas la crémaillère en ligne du centre , et la feroit casser ou au moins brider fortement contre sa clef ; ce qui causeroit de mauvais effets dans la quadrature.

D. Le canon se soude-t-il à la bate ou à la boîte , puisque ces deux pièces se séparent ?

R. A cause de cette séparation , on le fait tenir à la bate lorsqu'on les assujettit à la boîte il faut ouvrir la bate pour le passage du canon , ce qui la décompose et la rend très foible.

D. Quelle longueur doit avoir le canon ?

R. Elle se mesure par la profondeur du poussage, dans la quadrature , au moyen d'un outil gradué ; pour

cet effet, on met la crémaillère sur
la platine avec le rochet des heures,
et le grand marteau, avec ses levées,
ensuite la pièce des quarts, menée
par le doigt ; on pousse alors la crémaillère avec l'outil gradué, jusqu'au douzième degré du limaçon,
ou, ce qui est la même chose, on
fait rétrograder le rochet jusqu'à la
douzième dent, puis avec un calibre,
on prend facilement la longueur du
poussage ; et comme il faut que le
poussoir occupe une partie du canon,
ainsi que la plaque, on lui laissera
une demi-ligne de plus long, et
après en avoir bien écarissé le trou
cylindriquement, on le fera entrer à la
bate à moitié de son bord, et à la
hauteur que nous avons dit, et par
le moyen d'une bride de fer qui
passe dans le trou, on le lie avec du
fin fil de fer pour le faire souder,
faisant attention qu'il soit bien droit ;
on prendra aussi le centre de la boîte
pour y faire souder le carré qui porte
le timbre, après lui avoir donné la

hauteur nécessaire et l'avoir taraudé.

D. J'ai trouvé assez étrange que ce carré fût percé, taraudé et placé au milieu de la boîte sans qu'elle fût percée. Dites-moi comment celà se fait ?

R. Quand il est tourné droit à rond, on l'ajuste bien carrément au timbre, dans cet état on le place au centre de la boîte à laquelle on fait un petit point pour pouvoir donner un trait de compas un peu plus grand que carré, qui sert de guide pour le contenir au milieu par le moyen d'une pièce d'acier qui traverse la boîte et qui porte à son centre une vis qui entre dans le trou du carré et le serre assez pour être soudé.

D. N'arrive-t-il pas quelquefois que ce carré se jette hors du centre par l'effort du feu ?

R. Celà arrive principalement aux boîtes légères qui cèdent à la pression de la bride ; alors il n'y a de remèdes qu'en l'arrachant ; opération qui, quoique simple et facile, n'est pas connue de la plupart des monteurs de boîte , qui préfèrent les fraiser sur la boîte.

D. Comment se fait cette opération ?

R. Nous avons dit que le trou est taraudé pour la vis du timbre , on taraudera donc un bout d'acier d'environ demi-pied , après l'avoir fait entrer dans le carré , on le mettra dans un poëlon de feu qui aura un trou au milieu , la boîte reposant sur le feu , on attachera une tenaille ou autre poid , au bout de la tige d'acier qui tirera le carré lorsque le degré de chaleur fera fondre la soudure : par ce moyen on peut le repasser tout de suite.

D. En est-il de même du canon lorsque le feu l'auroit dérangé et jeté de quelque côté ?

R. On voit fréquemment des répétitions avoir des canons , poussoirs et boucles de côté , ce qui vient de la difficulté de les redresser , lorsqu'en les soudant ils se sont jetés ; mais il est ridicule de laisser subsis-

ter une difformité aussi frappante,
puisqu'on connoît le moyen de les
ressouder aussi facilement, et de la
même manière que les carrés.

D. Quand le carré est peu éloigné du
centre ne peut-on pas également
placer le timbre au milieu de la
boîte ?

R. Avant de faire entrer le timbre,
on s'assure de l'écart qu'il peut y
avoir en le présentant sur le carré ;
si le trou est petit, il est facile de
le jeter pour le mettre au milieu,
on fera ensuite la vis qu'on fait entrer avec beaucoup de soin avant de
le couper, parce qu'étant sur la tige
on la fait tourner avec les doigts
pour voir si la boîte tourne droit, on
pense bien que cette vis doit être
droite et ronde, un peu grossière,
lorsque le carré s'est jeté au feu, le
timbre penche naturellement ; on
aura une lime à sabot, avec laquelle on baissera l'endroit qui le
fait lever, par ce moyen on pourra
le mettre droit et au milieu de la
boîte.

Suite de l'emboîtage, préparation de la charnière.

D. Quelle est la préparation et la ma-
de faire la charnière ?

R. Après s'être assuré que la bate et le
canon joignent bien sur la boîte, on
formera le charnerou ; pour cet effet,
on mettra à la platine sa bate, que nous
appelerons le faux cadran, afin de
ne pas le confondre avec la bate de
la boîte. On fera donc entrer le faux
cadran seul sur la platine, pour voir
s'il entre librement et sans brider ;
on mettra ensuite les clefs, s'il n'y
en a que deux, c'est une preuve que
le ressort du petit marteau sert de
clefs : il faut qu'elles tiennent le faux
cadran serré sur la platine, et qu'elles
ne puissent tourner au delà du centre ; si elles tournent trop loin, ou
ne serrent pas assez, il faut leur faire
faire un tour de plus, parce qu'il est
très important que chaque clef presse
le faux cadran contre la platine.

D. Comme les clefs paroissent égales,

peut-on les placer indifféremment l'une ou l'autre ?

R. Quoiqu'elles paroissent égales, elles ne s'arrêtent pas où il faut à d'autres places qu'à celles pour lesquelles on les a faites ; c'est pourquoi il faut les numéroter si elles ne le sont pas, ainsi que la platine, ce qui arrive très souvent.

D. N'est-il pas important que les deux bates se joignent bien avec le cadran ?

R. Oui, et si bien, que ces trois pièces semblent n'en faire qu'une, et cela avant que de faire la charnière ; on formera ensuite le charnerou de la boîte, qu'on abaissera au point, qu'entre lui et le cadran il y ait un intervalle suffisant pour le fond de la charnière que l'on placera sur la platine, pour y être mise de nouveau au faux cadran, tant par-dessus que par-dessous.

D. Lorsque les faux cadrans sont bien bas, peut-il rester assez d'hauteur à la charnière, pour former un charnerou capable de soutenir le poids du mouvement ?

R. Votre remarque est juste , et je l'au- rois prévenue. Lorsque le bord du faux cadran est bas , il reste peu de hauteur au charneron qui ne peut être solide : de là vient que plu- sieurs se fendent après avoir servi quelque tems. Pour prévenir cet in- convénient , on peut , dans ces cas seulement, laisser la charnière plus haute , tant dessus que dessous , et entailler la bate ainsi que le cadran à proportion de ce qu'ils auront de force ; car il est certain que plus la charnière embrassera de matière et plus elle aura de solidité. Il faudra la faire entrer aussi avec force et précision , pour que le frottement se fasse dans toute la largeur du char- neron.

D. Comment détermine-t-on la lon- gueur de la charnière ?

R. Sa longueur est déterminée par la lunette après les avoir posées à la platine avec le faux cadran on les fait entrer dans la boîte , puis la lunette qui touche d'abord à la charnière,

qu'on

qu'on recule jusqu'à-ce qu'elle puisse passer, et se fermer.

D. N'est-il pas important de percer le trou, et comment s'y prend-on ?

R. C'est le trou qui décide tout l'effet de la charnière qu'on ne perce qu'après avoir formé le charneron qui doit être tel que si on les avoit tournés ronds au tour. On voit par là que le trou doit être placé au milieu du vide de la charnière ; on la perce des deux côtés, par un très petit trou, afin de pouvoir bien l'écarisser ensuite, lorsqu'on y a placé la goupille, on recule le bord supérieur de la charnière qui doit en faire l'arrêt, jusqu'à-ce qu'elle ouvre à l'équerre, en observant cependant que le bord du cadran ne surpasse point le bord de la charnière, et de n'en point faire l'appui, parce que cela le feroit casser ; lorsqu'on se trouve ainsi gêné, il faut plutôt diminuer un peu le canon contre lequel la charnière s'arrête.

K

Du ressort de fermeture.

D. Comment fait-on fermer avec précision toute la pièce dans la boîte.

R. Par le ressort de cadran , dont la
tête entre dans la platine en forme
de talus , ensorte que le bout commence à entrer dans la boîte , et
suive par un frottement doux , jusqu'à-ce qu'il passe l'épaisseur du bord
de la boîte où il s'accroche ; mais
avant de le mettre dans la boîte on
lui fera faire son mouvement à la
platine et au faux cadran , pour s'assurer qu'en poussant, la tête s'écarte
au niveau du bord de la platine ,
afin de pouvoir entrer et sortir librement de la boîte ; quelquefois
aussi le bras , par lequel on pousse ,
touche , et s'arrête contre le bord
du faux cadran , avant que la tête
ait atteint le niveau de la platine ;
on examinera aussi si ce bras ne
touche point à la lunette lorsque la
pièce est fermée dans la boîte ; et
si la tête ne touche point au timbre.

Ajustement des marteaux.

D. Comment arrange-t-on les marteaux pour les faire frapper juste ?

R. Après avoir visité les tiges , si elles sont bien serrées et droites , on les mettra seules en cage , pour voir s'ils sont libres, et s'ils ne vacillent point , s'ils s'avancent assez au bord de la platine pour attrapper le timbre dans quelle position qu'il soit ; après avoir mis les ressorts on verra s'ils tiennent bien à la platine , s'ils ne la touchent point par dessous ; il faut qu'ils soient un peu arrondis s'ils sont d'une force proportionnée à celle du moteur , s'ils ont une bonne courbe , si l'effet a lieu également dans toute la longueur de la lame , ou seulement à une place ; il faut alors les égaliser en forme de fouet s'ils ont la tension nécessaire pour faire frapper avec force.

On posera ensuite les contre-ressorts qui doivent être tenus bien solidement par des vis à portée, afin qu'étant serrés, ils puissent se mouvoir; ce qui est très important, car les vis ordinaires se desserrent en faisant mouvoir les contre-ressorts, et causent des dissonnances fort désagréables; il en est de même des vis de rappel qui se desserrent en frappant, si elles sont trop libres

Pour mettre le contact des marteaux de longueur avec le timbre, on les accourcira jusqu'à ce que les marteaux reviennent à peu près au bord de la platine, lorsqu'ils frappent assez le timbre, pour que les vibrations en soient libres : s'ils pénètrent trop, le coup est mal exprimé. Il faut les abattre en talus pour qu'ils ne frappent qu'au bord du timbre; car plus le point de contact se trouve sur la ligne droite et centrale du marteau, plus les coups en sont nets et harmonieux.

D. Pourquoi y a-t-il souvent des variations dans les coups de marteaux, qui font présumer que les uns touchent trop le timbre, et d'autres pas assez?

R. Cela vient des inégalités du rochet des

heures ; aussi on devra soigneusement
le visiter, de même que la levée, voir
si en frappant doucement elle permet
aux marteaux de revenir au bord de la
platine ; sinon il faut la raccourcir : si,
au contraire, elle faisoit peu lever les
marteaux, et s'il y avoit trop d'intervalle après le coup, il faudroit ou
l'allonger, ou en faire un autre, afin
que les marteaux parcourent le plus
grand espace possible.

En faisant frapper le grand marteau, on
mettra aussi la pièce aux quarts avec
le bras qui la ramène, pour goupiller
le carré à fleur, après s'être assuré
qu'il est de hauteur, sans gêner la
pièce aux quarts, et on le coupera
près du trou, de manière qu'il puisse
passer sous le cadran ; on posera ensuite chaque tige qu'on mettra de hauteur sous le cadran l'une après l'autre ;
et après les avoir arrondies, on verra
si les pièces qu'elles portent sont bien
libres.

De la toque.

D. Quel est l'effet de la toque ?

R. Elle sert à faire intercepter à volonté les sons du timbre, et à rendre le son sourd, par un petit mouvement de côté, qu'on lui fait faire au moyen d'un bras qui sort de la boîte, et la fait présenter en face des marteaux pour en recevoir les coups.

D. Comment fait-on cette pièce ?

R. Lorsque le timbre est fixé, les marteaux ajustés, comme je l'ai dit ci-devant, et placés dans la cage, et celle-ci dans la bate seule, on marque en dedans la place des deux bouts des marteaux qui forment la longueur de la toque ; on la fait ordinairement d'une seule pièce, en prélevant à la lime les deux masses en dedans, ainsi que le bras saillant au dehors ; il faut avoir la précaution de la faire tenir bien solidement à la bate, pour qu'elle ne fasse par elle-même aucun mouvement qui pourroit gêner les vibrations du timbre ; c'est pourquoi on la fait

appuyer fortement par les extrémi
tés ; on y joint encore deux petites vis
qui entrent dans des entrées formant
le chemin qu'elle doit faire. Quand
la pièce frappe contre le timbre, la
toque est retirée à côté du contact des
marteaux, et lorsqu'on la fait avancer
pour recevoir les coups, il faut qu'elle
se présente en plein, qu'elle n'empêche
ni d'ouvrir, ni de fermer, et ne s'ap—
proche pas trop du timbre.

LEÇON VIII.

*Du poussage de la répétition et des
fonctions de la quadrature.*

D. Le poussage est-il de quelqu'importance et d'une difficile exécution.

R. Sa plus grande importance est
dans la position du canon, qui doit
être, comme nous l'avons vu dans sa
préparation, tel, que le niveau du
trou soit horizontal avec celui de la
crémaillère, afin que son action se
fasse sans résistance ; et comme le
poussoir doit agir sur sa longueur sans

vacillation , on comprend bien que plus il sera gros, et plus la surface frottante aura de largeur et de solidité.

Avant de l'ajuster , on aura soin d'écarisser le trou du canon bien cylindriquement, afin qu'il soit uni et sans aucun défaut capable de retenir quelque saleté qui rendroit le frottement dur , et useroit le poussoir.

On se servira d'acier anglois , dont les parties sont plus égales. Le poussage doit occuper bien cylindriquement toute la longueur du canon , excepté un petit intervalle , pour faire entrer aussi celui d'or, qui devra être tourné sur celui d'acier si également , que les deux ne fassent qu'un cylindre. On entaillera ensuite celui d'acier aux deux tiers de son épaisseur, en conservant un petit bord au fond , pour le maintenir dans le canon. Quant à la tête, il faudroit la décrire : comme elle agit sur la crémaillère , on verra si après le troisième quart le talon laisse suffisamment de place, sinon on le diminuera jusqu'à près d'une demi-ligne,

en conservant le plus de bord possible,
pour le retenir et résister à tous les
mouvemens qu'on fait faire à une répétition par le poussoir ; on accourcira
celui d'or au point qu'ayant fait détendre les douze heures, il reste seulement une demi-ligne pour servir, en
cas d'allongement de la chaîne ; on les
joindra par deux goupilles, en observant que la boucle se trouve parallèle
avec la surface plate du poussoir. Dans
cet état, on ajuste la plaque dans le
canon par une portée qui y entre juste ;
on laissera le plus de place possible
entre le timbre et le pied du canon,
qui doit porter la plaque, afin que les
vibrations n'en soient point interrompues. Cette plaque devra être tenue
solidement par une vis et un pied pour
résister aux efforts de la main sur le
poussoir ; son frottement devra être
doux et sans aucune vacillation ; ce qui
se termine lorsque le poussoir est trempé et poli avec celui d'or ; la partie
frottante sera seulement adoucie sur
sa longueur ; ce qui est préférable au
poli.

Cependant le poussage ne peut être absolument fini que lorsque la quadrature est remontée et fonctionne, à
cause des corrections dont elle peut
être susceptible. Par exemple, s'il n'y
a pas assez d'intervalle entre la dernière heure et les quarts, il faut nécessairement reculer le bras qui ramène : en ce cas, le poussoir doit aussi
se reculer ; si, au contraire, il y en
avoit trop, il faudroit faire un autre
bras qui prît plutôt la pièce aux quarts;
le poussoir auroit alors un intervalle
inutile.

On placera une broche à la petite platine,
vis-à-vis le poussoir, pour le retenir,
afin qu'en ouvrant et fermant la pièce,
il ne puisse pas entrer dans la cage.

Ajustement du cadran.

D. Avant de remonter toutes les pièces,
ne convient-il pas de poser et fixer le
cadran?

R. Oui sans doute; on verra d'abord
s'il a été bien dressé dessous, ce qui
doit se faire avant de faire monter la

boîte ; s'il porte à plat, et s'il est bien
uniforme avec la bate. On percera le
trou pour la vis un peu au-dessous des
douze heures, en observant que cette
vis ne s'approche pas trop de la roue
des minutes ; on le fait aussi tenir par
des vis au pied du cadran ; on ajustera
un petit bras sur la bate, à la hauteur
du vide du cadran ; mais avant d'y
percer le trou, on remettra le tout
dans la boîte, pour voir si le cadran
est bien au milieu de la lunette ; alors
on marquera le trou au bras qui doit
porter la vis, et on le taraudera en inclinant à sa plus grande extrémité,
afin que la vis le contienne bien horizontalement. Quant au trou du cadran
qu'on aura percé avec un diamant ou
avec un burin bien aiguisé, il faut
faire attention qu'il soit assez grand
pour qu'il ne soit gêné que par la tête
de la vis, autrement il se casseroit facilement ; on unira ensuite le bord du
du cadran avec les deux bates ensemble, de manière qu'elles ne forment
qu'un seul bord, et qu'elles soient si

bien jointes, qu'aucune saleté ne puisse s'introduire dans la quadrature.

D. La forme du cadran est-elle indifférente, et ne doit-elle pas être en rapport avec la quadrature ?

R. Cela devroit être, mais ceux qui font ou font faire les cadrans, ne prennent point cette précaution, d'où il résulte de grands désordres dans les quadratures qu'il faut souvent dénaturer pour les faire fonctionner. On pousse plus loin encore le ridicule, en abaissant la bate, sans considérer si elle n'est pas déjà trop basse, suivant l'élévation des pièces de quadrature, qui exigeroit plutôt un cadran embouti.

D. Que fera l'emboîteur dans ces cas d'abaissement ?

R. Il mettra de hauteur chaque tige l'une après l'autre sous le cadran ; il verra ensuite si la pièce aux quarts toucheroit par ses extrémités, pour la baisser ; après cela on raccourcit son canon jusqu'au niveau de la tige ; souvent alors il en résulte des vacillations qui obligent de refaire une autre tige ; si on a beaucoup abaissé la pièce aux quarts, elle pourra toucher l'étoile qu'il faudra amincir ou baisser; tout cela ne se fait qu'au préjudice des quadratures et de la solidité de leurs fonctions.

Quand toutes les pièces ont leur liberté sous le cadran on les relève pour arrondir et polir les tiges et les vis, égayer et tout bien nettoyer; alors on adoucit bien la platine pour la dernière fois, afin qu'il ne se fasse plus de changement à la quadrature et que le remonteur la remette sans peine, dans les mêmes fonctions, que l'emboîteur doit la rendre.

Suite des fonctions et remontage de la quadrature.

En remontant, on examinera de nouveau l'effet de chaque pièce; les ressorts des levées manquent souvent leur effet, particulièrement celui qui conduit les deux levées du grand marteau, dit à double effet, on verra si, lorsque la levée des heures l'a renvoyé , celle des quarts est assez retenu pour ne pas sortir , par une impulsion forte du poussage ; si en la faisant rétrograder à la main , le ressort la renvoye avec sûreté , s'il la maintient en hauteur , de manière qu'elle ne puisse point s'élever et passer par dessus la broche. On fera la même observation pour celui de la levée du petit marteau , qui souvent ne ramène pas lors qu'on fait rétrograder la levée au delà du passage de la pièce aux quarts.

On verra si la chaîne est bien libre en elle-même , ainsi que dans les poulies , si ses anneaux sont solides et souples , de même que dans la crémaillère ; si celle-ci est bien libre sous sa clef. On arrondira tous les bords, angles etc. du dessous pour que son frottement soit doux et qu'elle ne raye point la platine. L'arrangement du ressort contribue beaucoup à la marche du rouage , à l'uniformité et à l'énergie des coups de marteaux ; il faut qu'il fasse trois tours et demi,

que l'arbre ait pour diamètre le tiers
de celui du vide du barillet ; que le
crochet soit bien au milieu , afin qu'il
conduise le ressort sans gêner contre
le fond du barillet , ou contre la platine ; voir s'il n'est point trop haut
et gêné dans son développement ;
ensuite on remontera le rouage , et
bandant le ressort au plus haut tour,
on verra celui qui fait frapper le plus
uniformément pour fixer la poulie :
on aura soin d'abord de faire frapper douze heures et trois quarts
pour s'assurer que la chaîne est de
longueur. On visitera aussi tous les
degrés du limaçon , parce que s'il
y en avoit de trop enfoncés qui fissent frapper une ou deux heures de
trop , il faudroit en ce cas tourner
dans la grande poulie ; si, au contraire , il y avoit par tous les degrés
une heure de moins , alors on rac-
courcira le bras jusqu'à ce qu'il fasse
détendre à celui des degrés qui paroîtroit le plus enfoncé. Quand la
chaîne et le bras sont déterminés on

égalise avec soin tous les degrés du limaçon.

Il est à propos qu'il y ait un peu de reste après la détente, pour qu'en cas d'allongement de la chaîne (ce qui arrive toujours après quelque tems d'usage) elle pût toujours frapper l'heure indiquée.

D. Il paroît que les répétitions frappent des heures de moins, si on n'a pas la précaution dont vous venez de parler ; j'en ai vu cependant qui, après un long usage, frappoient une heure de trop; comment cela pouvoit-il arriver ?

R. Ces cas sont très rares, et ne peuvent être produits que par un engorgement de la chaîne dans les poulies, causé par un amas de saleté qui augmente le diamètre des poulies, ou lorsque le point d'appui du trou de la platine qui porte le canon de l'étoile et le limaçon n'aura pas été bien fait ; car il y a des ouvriers qui se contentent de la resserrer foiblement; alors il s'aggrandit

et

et permet que la tige consente à éloigner le limaçon jusqu'à faire détendre une heure de trop.

En suivant les fonctions de la quadrature il faut de suite examiner le limaçon des quarts et de la surprise.

D. Vous n'avez point parlé d'égaliser les rayons de l'étoile : cela n'est-il pas bien important ?

R. Oui sans doute, mais cette opération ne doit se faire que lorsque la surprise fait bien son effet, par le rapport immédiat qu'elle a avec le limaçon des quarts ; c'est pourquoi on verra d'abord si elle passe librement dans l'étoile, sans faire reculer le tout-ou-rien ; s'il recule il faudroit un peu diminuer le bouton ; si au contraire le bouton étoit trop petit, l'étoile ne pourroit la faire avancer assez pour faire retenir la pièce aux quarts lorsqu'on feroit frapper soixante minutes, il faut alors grossir le bouton par une autre surprise ; il faut de plus faire descendre la pièce aux quarts au degré le plus

L

enfoncé du limaçon, et voir si en faisant avancer la surprise elle a fait passer le sautoir de l'autre côté du rayon de l'étoile, de manière qu'en remontant la pièce aux quarts, la surprise sorte suffisamment. Quelquefois aussi les sautoirs sont mal formés, trop ou trop peu angulaires; il convient de les former de manière à se lever avec douceur et à partir d'eux-mêmes avec force.

Pour égaliser le limaçon, on commencera par voir si les degrés sont à la hauteur convenable pour que les levées puissent passer librement, et avoir assez de sûreté pour que, dans aucun cas, elles ne puissent frapper que les quarts indiqués ; on égalisera ensuite les divisions au moyen d'une fausse aiguille placée sur le carré de la chaussée de manière que la pointe se trouve au point des soixante minutes lorsque la surprise fait son effet : on fait alors descendre la pièce aux quarts sur le plus haut degré du limaçon, pressée par son ressort ; en

tournant l'aiguille on l'entendra tomber juste à chaque division , si le
limaçon est égal et le cadran bien
divisé : si celà n'étoit pas il sera aisé
de l'égaliser , en retirant les degrés
où l'aiguille passe le point : comme
il seroit difficile de le faire si au
contraire la pièce tomboit avant ;
à un quart de minute on pourra ,
par le sautoir , faire détendre les
soixante minutes un peu plutôt ;
mais s'il y avoit un plus grand écart,
on ne pourroit le réparer de la même
manière à cause de l'effet de la surprise avec la pièce aux quarts , et
du limaçon des heures qui se dé-
placeroit ; il faut , dans ces cas , ou
refaire le limaçon des quarts , ou
ajouter un surbras à la pièce aux
quarts qui rentre plus en dedans , et
qui , par conséquent , détendra plus
tard.

On égalisera ensuite les rayons de
l'étoile de manière qu'ils fassent détendre la surprise tous également sur
le point des soixante minutes. Il y

a deux manières de les égaliser : l'une en courbant les extrémités et l'autre en limant le rayon à l'endroit où le bouton de la surprise agit pour la faire détendre plus tard ; ce dernier moyen est préférable en ce qu'il ne défigure pas l'étoile ; mais avant, il convient de la bien visiter, parce que si l'inégalité étoit de six en six, ce seroit une preuve qu'elle n'étoit pas ronde ; en ce cas on l'égalise sur le tour.

On fera une grande attention à ce qu'elle soit bien contenue dans sa cage, sans gêne ni vacillation.

Lorsque toutes les pièces font bien leur effet séparément, on les fera fonctionner toutes ensemble, sur toutes les heures, et à tous les quarts ; d'abord en poussant doucement, pour voir si, après avoir bien détendu, la pièce frappe l'heure indiquée, ensuite en poussant très fort, afin de savoir si elle n'en frappe point de trop. On éprouvera le tout-ou-rien, en ne poussant pas jusqu'au point de faire détendre , et que le rouage revienne sans frapper ; si le dernier quart n'est point trop lent , et frappe avec difficulté, ainsi que l'accrochement à rentrer ; ce qui seroit occasionné par des embarras de la crémaillère , ou du poussage , ou par trop de résistance des ressorts de la pièce au quart , de la levée des heures , ou du tout-ou-rien ; tous ces soins contribuent puissamment au mérite des répétitions ; celles qui ont de la peine à frapper et à rendre le dernier quart, quelque bien qu'elles soient faites d'ailleurs , seront toujours désagréables et méprisées.

Répétitions à calottes.

D. Vous n'avez point encore parlé des pièces qui ont des calottes , pourquoi sonnent-elles plus mal que celles qui n'en ont point ?

R. Il y a des exceptions , le plus grand nombre il est vrai , rendent des sons désagréables , mais ce qu'il y a de fâcheux, c'est que cette addition ne se fait qu'aux pièces les plus importantes.

D. Quelle est la cause de cette dissonnance, et quels sont les moyens de rendre ces pièces aussi harmonieuses que les autres ?

R. Nous avons vu plus haut que tout ce qui approche trop le timbre arrête ses vibrations ; mais il y a ici une cause de plus, et presque inconnue aux horlogers, c'est que les calottes font aussi des vibrations, qui se joignent avec celles du timbre, et sont très désagréables ; cela arrive surtout lorsque les calottes sont trop justes, que les marteaux l'approchent trop, que le métal dont elles sont composées est plus ou moins alliés.

Il n'y a qu'un moyen de remédier à ces désagrémens, c'est d'éloigner en dedans les calottes des marteaux : j'ai souvent rétabli l'harmonie en ouvrant les calottes pour en faire sortir les marteaux.

Mais particulièrement au dehors elles doivent être éloignées du timbre : pour cet effet il faut, si les grandes platines ne sont pas faites exprès, avec un bord excédant, en prélever un à la bate ou faux cadran ; ce bord tient lieu de celui de la platine pour entrer dans la boîte, et forme en même tems la grandeur intérieure du timbre, de cette manière la boîte se trouve un peu plus grande sans être plus haute, et sonne très bien.

Un grand nombre de stratagèmes ont été employés, pour faire rendre des sons aux pièces à calottes, le seul qui m'a réussi, après avoir tenté tous les autres, a été d'amincir le timbre, ou, comme je l'ai dit, de faire sortir les marteaux ; le fait suivant prouvera la vérité de cette assertion : l'auteur d'une pièce très compliquée, et précieuse, avoit partout consulté pour qu'on la fît sonner passablement, il me l'apporta ; comme j'avois un excellent timbre anglois, j'en fis

faire plusieurs autres sous différentes formes , et le plus mauvais réussit le mieux , parce qu'il étoit mince
et conforme à la boîte ainsi qu'à la
calotte.

Emboîtage des répétitions sourdes.

D. Quelles différences y a-t-il pour l'emboîtage entre les répétitions sourdes
et celles qui sont à timbre ?

R. Toute la différence consiste à placer
dans la boîte les masses qui reçoivent les coups des marteaux, dont la
position dépend de la bonne harmonie qu'ils doivent avoir. Car si le
contact étoit trop au bout des marteaux , les coups seroient foibles et
désagréables , de même que si les
masses étoient trop basses , les coups
donneroient en fuyant , et les tons
seroient foibles et faux. Il faut donc
placer les masses de manière que
les coups se donnent sur la ligne du
centre des marteaux , et aux deux
tiers de leur longueur ; on aura par
là des coups pleins et sonores ; pour

cet effet il faut que les masses soient placées au fond de la boîte, et non à la bate comme quelques-uns le font, qu'elles soient grosses et bien garnies de soudure; que le bout soit arrondi, et que les marteaux ne s'arrêtent pas dessus, mais qu'ils aient un petit intervalle pour la circulation de l'air qui transmet les sons. Il faut en outre les ressorts des marteaux plus forts, avec moins de tension, et disposés de manière que la force soit égale quand les marteaux remontent comme quand ils descendent.

Quand on a pris toutes ces précautions les pièces sonnent très agréablement.

Emboîtage des répétitions à doubles boîtes, dites à l'angloise.

D. Les emboîtages des répétitions qui ont plusieurs boîtes différent-ils des précédens?

R. Les emboîtages se font dans la première boîte qui est d'une forme très différente de celles dont nous venons de parler ; la charnière s'attache au faux cadran, et tout entre dans la boîte : il y a, par conséquent, moins d'ajustement. Quand la charnière est faite on fixe la platine au faux cadran, par une tige, ou longue vis qui les traverse ; ensuite on perce à la boîte le trou du remontoir qu'on aura marqué avec l'outil à planter. Quand le timbre est fixé, on y perce aussi le même trou au burin, avec précaution, pour éviter d'en faire sauter des écailles ; alors on accourcit le carré de la fusée au niveau de la boîte, pour qu'il puisse entrer et sortir ; d'ailleurs tout se fait comme nous l'avons dit précédemment.

D. Mais le canon qui porte le poussage, est différemment posé, plusieurs même sont de laiton ?

R. Les Anglois les font en effet de laiton, et tenant la boîte par trois vis ; mais outre le mauvais effet que produit ce métal sur l'or , il porte les poussoirs trop bas pour des quadratures de hauteur ordinaire : c'est pourquoi on préfère de souder un canon de même métal que celui de la boîte , que l'on élève jusqu'à la charnière afin que le poussoir prenne en plein la crémaillère à la ligne du centre.

Ils sont d'ailleurs plus solides , et le timbre se tient plus haut , ce qui est un très grand avantage pour avoir beaucoup de son.

D. Pourquoi ces sortes de pièces sonnent-elles beaucoup mieux que les autres ?

R. C'est, 1.°, parce qu'elles sont toujours d'une forme plus haute, le timbre a par conséquent le cercle plus haut; ce qui augmente la force et la durée de ses vibrations; 2.° il est moins gêné par la forme de la boîte ; 3.° les boîtes sont très minces et beaucoup vidées , surtout la première , et enfin parce que la force motrice est plus puissante , puisque la résistance du rouage n'est pas augmentée par sa hauteur. On remarque même qu'il a plus de liberté que celui des pièces plu basses.

TROISIÈME PARTIE.

LEÇON IX.

Repassage de la répétition.

DEMANDE. Que doit-on entendre par le repassage de la répétition.

REPONSE. C'est l'ensemble de toutes les parties, ouvrage indéfini, et du quel dépend entièrement le sort et le prix des répétitions, qui devroit n'appartenir qu'à des maîtres bien consommés dans l'art, et leur payement est aussi indéfini, puisqu'on voit souvent perdre autant de louis qu'on aura voulu ménager d'écus pour cette partie intéressante et définitive, et des pièces généralement mal faites, étant bien repassées, obtenir une préférence évidente sur d'autres bien supérieures pour la main-d'œuvre.

D. Mais si cependant toutes les parties

sont bien faites, soigneusement visitées, comment peuvent-elles manquer leur effet, et donner de l'ouvrage au repasseur ?

R. Il faut une infinité de soins qui sont toujours négligés dans chaque partie, soit par ignorance, ou parce qu'on les attribue aux repasseurs ; des effets se feront bien pendant quelques jours, et ensuite ne se font plus du tout ; d'autres ne manqueront qu'à certaines positions, ou aux saisons extrêmes etc. ; mais ce qu'il y a de plus ordinaire et de plus fâcheux, c'est le grand nombre de personnes qui entreprennent le repassage des répétitions, sans avoir acquis les connoissances suffisantes, qui les dénaturent et les rendent en plus mauvais état qu'on ne les leur a données, et ce n'est qu'en y employant beaucoup de tems, et en y faisant beaucoup d'ouvrage qu'ils réussissent enfin.

D. Quelle est la marche qu'il faut suivre dans l'exécution de cette partie ?

R. Je suppose que l'on reçoive les pièces

de l'emboîteur, le premier soin sera de voir si la boîte est bien fermée, et si la pièce fonctionne bien, si la lunette ne presse point trop, la charnière, le ressort de cadran, au point de le faire rentrer ; si la tête ne touche point le timbre, étant poussé par la lunette ; si la sourdine fait son effet, en touchant d'abord le bouton doucement pour sentir les coups distincts, ensuite très fort, pour s'assurer qu'elle a un arrêt qui l'empêche de descendre au point d'intercepter entièrement les coups.

On fera frapper les douze heures et trois quarts pour s'assurer que le poussoir pénètre assez, et même plus qu'il ne faut, et que le dernier quart n'est point gêné ; on renversera la pièce en la faisant frapper, pour voir s'il n'y a point de variation par des frottemens, ou déplacemens de quelques pièces ; on la fera frapper ensuite suspendue sur le poussoir, ce qui est la plus forte

épreuve ; si en cet état elle frappe
hardiment les trois quarts , elle ne
manquera jamais dans les positions
ordinaires ; on écoutera attentivement si les vibrations du timbre ne
sont point gênées par l'approche de
quelques pièces ; on ouvrira ensuite la lunette pour voir si le cadran joint bien sur la bate , et
celle-ci sur la boîte , pour qu'aucune saleté ne puisse s'introduire
dans la quadrature ; on verra si le
ressort de fermeture fait bien son
effet , si la charnière est bien ajustée,
et ne bride point , si elle a un point
d'appui ouvrant à l'équerre , que le
bord du cadran n'appuye pas en
même tems , ce qui le feroit casser;
on visitera avec l'aiguille la détente
des douze rayons de l'étoile , pour
savoir s'ils sont égaux aux soixante
minutes , ensuite les divisions du limaçon des quarts sur les quatre
parties du cadran , de même que
les degrés afin de s'assurer si les
quarts frappent juste aux indications ;

on

on verra si la toque fait son effet
sans gêner les marteaux en quelque
position qu'elle soit , si elle n'approche point le timbre au point d'en
gêner les vibrations ; si lorsqu'elle se
présente sur les marteaux en ouvrant
et fermant, elle n'accroche pas l'un ou
l'autre des marteaux , et n'empêche
pas de fermer ; enfin , si elle est bien
contenue pour ne point se déplacer
en fonctionnant ; on fera agir les
contre-ressorts par les vis de rappel,
lesquels doivent être très solides pour
ne pas se desserrer par l'impulsion
des coups de marteaux ; on lèvera
le cadran en éprouvant la vis qui
doit être trempée et noyée assez
pour ne pas excèder le cadran ; on
s'assurera d'abord du limaçon des
quarts, s'il est bien rivé sur la chaussée , s'il est bien de hauteur , tant
avec la pièce aux quarts qu'avec
l'étoile , s'il ne touche point en passant au canon de la roue des minutes , et au ressort de la pièce aux
quarts. Si la surprise est bien con-

M

tenue libre et sans vacillation, si le bouton passe sur les plus hauts degrés du limaçon des heures avec un intervalle suffisant pour ne pas y toucher, dans quelque situation qu'il puisse se trouver. Si la goupille du limaçon des quarts qui sert à régler le chemin que fait la surprise, n'est point trop longue pour toucher les rayons de l'étoile ; si la goutte qui retient ne touche point le limaçon au degré d'une heure ; si la crémaillère en descendant, ne touche pas la goutte ou le bouton de la surprise, ce qui feroit avancer les aiguilles chaque fois qu'on pousseroit ; enfin on visitera avec soin l'effet de la surprise, et si en entrant dans l'étoile, elle ne fait point écarter le tout-ou-rien par un bouton trop gros, ce qui feroit arrêter le mouvement ; s'il est trop petit il ne maintiendra pas la surprise, pour recevoir le bras de la pièce au quart, qui la fera rentrer, en descendant, au degré des trois quarts ; lorsque la pièce au quart est descendue on mè-

nera la surprise contre le bras, pour
voir si le sautoir aura passé l'extrêmité du rayon, afin de faire avancer
la surprise, lorsque la pièce au quart
remontera en son repos.

On ajustera les roues de minutes, on
verra si celle de renvoi est bien placée, si elle n'est point trop près du
remontoir ou de la vis de cadran,
si en poussant aux douze heures, la
crémaillère n'est point arrêtée contre
le canon, ou la tige; si le pignon ne
touche point au cadran, si elle est
bien libre, sans vacillation, afin d'a-
voir constamment un intervalle avec
le limaçon et la roue d'heures, on
mettra celle-ci de hauteur sous le
cadran et on n'oubliera pas de compter les dents de l'une et de l'autre,
pour s'assurer qu'elles ont leur nombre juste; en négligeant de prendre
ces précautions on cause souvent de
grands embarras aux acheveurs.

A toutes les autres roues, excepté celle
d'échappement, une dent de plus ou

de moins, ne fait pas un effet sensible, mais à celle-ci elle est impraticable. On verra si le limaçon des heures, ainsi que l'étoile, ne touche point à l'arbre de fusée; en ce cas il ne faut ni déplacer, ni limer sur le degré d'une heure, comme quelques ouvriers l'on fait; mais faire une gorge à l'arbre; dans le cas cependant où l'étoile seroit plus grande que le limaçon, on pourroit sans crainte la diminuer; on aura la même attention envers la barette de la roue de champ, ainsi que du pied haut qui porte le tout-ou-rien contre lequel le limaçon touche souvent, à son plus haut degré; avant de rien démonter, on verra s'il n'y a point de pièce trop haute, gênée par le cadran; ou d'autre trop basse, qui puisse sortir de place, lorsque les montres sont portées dans plusieurs situation; si le bras qui ramène la pièce au quart, ne la gène point, s'il est bien retenu par une goupille, et si en poussant aux douze heures, le

derrière ne porte point sur la goupille : il faut un intervalle pour prévenir l'allongement de la chaîne.
Cette pièce est la première qu'on lèvera, ensuite le ressort de la pièce
au quart, après avoir vu si en écar-
tant le tout-ou-rien, il fait bien
descendre la pièce au quart, s'il ne
la presse point trop, ou s'élève en
fonctionnant au point de sortir de
sa place, surtout si la goupille est
trop courte et inclinée. On a quelquefois renvoyé à cause de ce simple effet négligé, des pièces de deux
cents lieues, ainsi que pour l'une ou
l'autre des goupilles qui tombe, si
on n'a pas soin de les visiter ; il conviendroit qu'elle fût mise par dessus,
et rivée au dessous ; on lèvera la pièce
au quart, en examinant si elle est
bien ajustée sur la tige, libre et sans
vacillation ; on éprouvera les tiges,
les clefs et les vis, si elles sont bien
serrées, si l'emboîteur n'en a poin
relâché pour donner du jeu : sans
cette précaution on seroit étonné en

remontant, que les fonctions ne se fissent pas ; car, comme je l'ai dit plus haut, on renvoie tout à l'acheveur, qui doit se défier de tout ; et se bien assurer avant de remonter doré, puisqu'il est responsable de tous les accidens ; en levant la bate, on verra si elle ne gêne point quelques pièces ; si les clefs la contiennent bien, si elles ne tournent point trop, si elles ont un arrêt à la platine, et si elles sont numérotées pour être remises à leur place ; on apportera les plus grands soins à l'ajustement de l'étoile avec son limaçon, à ce que les jours soient bien partagés et libres, sans aucune vacillation, on verra si sa crémaillère descend au degré 12 du limaçon sans gêner l'étoile ; si le canon appuye bien contre la platine, pour faire l'apparition du poussage, sans quoi la tige se courberoit, ou se casseroit ; il faut que dans l'état de repos il ne touche point la platine : cette observation se fera par dessous quand on aura tout démonté ;

on vérifiera tous les degrés du limaçon en arrêtant le rouage, et en commençant à pousser sur une heure; on observera la chute de la levée; il faut qu'après qu'elle est tombée, elle remonte, à moitié de son chemin, à tous les degrés également, pour prévenir l'allongement de la chaîne, on visitera avec soin le sautoir; de toutes les pièces c'est celle qui demande d'être la mieux ajustée sur sa tige, pour se maintenir dans l'étoile, sans toucher le limaçon, ni passer par dessus l'étoile, comme on le voit souvent; il est important de règler l'action du ressort de manière qu'il ne se durcisse pas trop, en levant jusqu'à l'extrêmité des rayons; ce qui pouroit faire arrêter le mouvement surtout quand le ressort moteur ne domine pas beaucoup sur le balancier; ce qui le plus ordinairement cause un petit retard pendant ce passage; on verra l'effet des deux petites levées, si les ressorts ne sont point trop forts, si elles ramènent bien,

M 4

s'il y a un arrêt pour les empêcher de retrograder au delà de ce que la pièce au quart exige, en particulier celui du grand marteau, dit *à double effet*; si lorsque la levée des heures remonte avec le ressort, la levée des quarts est suffisamment retenue pour être toujours ramenée. Quand on se sera assuré de tous ces effets, on levera la petitepoulie, après avoir vu si la chaîne en sort librement, et si la poulie n'est point gênée par la platine; en ce cas, on la noieroit pour la dégager; on verra courir le petit rouage, après avoir bandé le ressort qui doit faire trois tours et demi; on éprouvera la clef ou excentrique qui doit être placée de manière que la roue et le pignon de délai ne s'approchent pas trop pour en faire casser les pivots, mais seulement pour tourner très lentement; on observera aussi la vîtesse et s'il est possible de compter les coups;

Il seroit prudent de l'arranger de

manière que les horlogers seuls pussent en faire usage en la formant comme une tête de vis ; il faut voir la levée des heures, si elle est bien libre, si elle ne touche point sur la roue, si elle prend en plein le rochet, et surtout si le trou n'est pas trop grand, car cela occasionne des coups inégaux et défectueux, sans qu'on soupçonne cette cause ; il faut voir si elle rétrograde assez loin ; pour ne pas se mettre en prise avant que la pièce au quart se soit détendue, et qu'il y ait assez d'intervalle pour prévenir le relâchement du tout-ou-rien ; si elle fait assez lever le marteau, ce qu'on connoit par son échappement, en ne laissant que peu de chute. Si elle lève trop, et ne laisse pas revenir le marteau au bord de la platine, il faut en ce cas la raccourcir. On mettra les roues du mouvement l'une après l'autre pour voir si en frappant elles ne se touchent point, d'abord la fusée avec la chaîne, et présenter le crochet au marteau,

pour qu'il passe dessous, et partout
donner des intervalles suffisans pour
prévenir les vacillations, soit des
roues, soit des marteaux par l'action
continuelle des ressorts. On verra
s'il n'y a point de tige de vis ou pied,
excédant la platine, que puisse toucher quelques roues, si le talon de
la crémaillère, quelquefois le poussoir, ne gênent point la roue de fusée ou le barillet, en descendant aux
12 heures si la crémaillère coule librement sous sa clef, si le talon n'est
point gêné dans la platine. Il faut
que l'entrée soit un peu plus enfon-
cée que n'exige le degré 12 du limaçon pour prévenir l'allongement de
la chaîne ; on verra si la potence ne
gêne point les premières roues du
petit rouage, et si les dernières ne
s'approchent point trop de la chaîne,
le petit marteau avec le bras de la
potence, et le grand marteau sur la
contre-potence.

Quand on se sera ainsi assuré de tous
les passages, on remontera toutes

les pièces, sans oublier seulement
une goupille; on lui fera faire de nouveau tous ses effets, et tirer sa chaîne;
si tout va bien, on la démontera com-
plétement, en observant de mettre
ensemble les pièces qui sont en rapport, les rapports avec leurs vis, car
quoiqu'ils paroissent égaux, ils peuvent causer de grands changemens,
si, par exemple, un ressort est ajusté
avec une vis mal ronde, en la changeant contre une plus ronde, le ressort s'élèvera ou s'abaissera, et manquera son effet, et par conséquent
celui de toute la pièce; on voit par
là combien il est important de ne
négliger aucun soin , quelque petit
qu'il nous paroisse , j'ai vu un horloger chercher pendant huit jours la
cause d'un léger arrêt, qui été causé
par une vis changée et qui touchoit
une roue qu'on ne pouvoit voir.
J'ai dit plus haut que la platine doit
être dressée et adoucie pour la dernière fois, soit par l'emboîteur ou
par l'acheveur, avant la dernière

épreuve du repassage , à cause des changemens qui résultent des tiges et des vis, qui, tournant davantage, présentent sous d'autres formes les pièces qu'elles portent, font manquer leur effet , et vont toucher au dedans les roues etc. etc.

Avant d'ôter les tiges et les broches des marteaux, pour les faire polir, on tâchera de leur faire une marque par dessous avec les marteaux pour les remettre à leurs mêmes places; pour cet effet il faut recommander qu'on ne touche point le dessous des marteaux, comme quelques polisseurs le font ; sans ces précautions on seroit étonné de voir pencher les marteaux, parce que les tiges, n'étant pas bien rondes, et faisant seulement un quart de tour de plus , elles font nécessairement changer les positions des marteaux; il est donc important de s'assurer avant de les ôter , si elles sont bien serrées, comme elles devront l'être en les remontant, si elles ne seront point dans le cas de se desserrer en frappant, ce qui cause les plus grands désordres, et qui arrive surtout quand les taraux sont très petits et fins. En démontant le rouet des heures, il faut faire une remarque à l'arbre qui le porte pour le remettre à sa même place, à cause du rapport qu'il a avec le carré sur lequel est fixée la poulie; ceux qui ont négligé cette précaution se sont jettés dans des grands embarras, et ont été obligés, après bien des recherches, de démonter toutes les pièces pour retourner le rochet.

Si de pareilles épreuves sont désagréables pour ceux qui connoissent d'abord la cause de ces accidens et savent y remédier, qu'on se représente ceux qui ignorent les fonctions de la quadrature, qui voient frapper plusieurs heures de trop ou de moins aux indications, et les quarts confondus dans les heures, ou trop long-tems après; incertains sur la cause qui a produit ce changement, ils emploient des moyens à leurs idées

qui tous tendent à dénaturer les quadratures.

Voilà les principaux soins qu'exige le
repassage des répétitions, il en reste
plusieurs autres encore qu'on ne peut
dire et qui dépendent de la prudence
des repasseurs.

LEÇON X.

Des frottemens.

D. Vous n'avez point parlé des frottemens dont les ouvriers se plai-
gnent, et auxquels ils attribuent les
causes qui entravent le plus les
fonctions de toutes les machines ?

R. Rien n'est si commun que les effets
du frottement, on le rencontre partout, et on peut dire en général, que
c'est la principale cause de l'altéra-
tion et du dépérissement que nous
remarquons dans tous les ouvrages de
l'art, et surtout dans ceux de l'horlogerie, par l'action continuelle de
leurs mouvemens, et de l'impulsion
donnée par les forces motrices ; les

frottemens continuels usent insensiblement les surfaces et les formes , et
leur font perdre les qualités qui en
dépendent ; les matières les plus
dures et les plus solides , ne tiennent
point contre un long service , sans
donner des marques de diminution.
Le passage d'une surface sur une autre est d'autant plus retardé , qu'elles
auront toutes deux plus d'inégalité ,
ce qui se varie à l'infini , suivant la
nature des corps.

L'usage où on est d'enrayer les roues
de voitures dans les descentes nous
fournit un exemple familler de l'effet du frottement : celui-ci est de
la première espèce.

Il n'en est pas de même quand chaque
roue tourne à l'ordinaire sur son axe,
elle se déploye sur les différentes parties du plan qu'elle a parcouru , son
frottement est alors de la moindre
espèce ; les frottemens s'augmentent
aussi par leur vitesse; si donc la première roue d'un rouage a un frottement qui s'oppose à l'action du res-

sort , sa force en est diminuée , en raison de la résistance ; ce frottement est alors de la première espèce.

Si le dernier pignon du rouage de la répétition , qui fait quatre mille tours pour un de la première , avoit le plus léger frottement , il ne pourroit continuer son mouvement accéléré , au lieu que s'il tournoit doucement , ce léger frottement ne l'arrêteroit pas ; ce qui prouve que la vîtesse augmente le frottement.

Il en est de même des pièces de quadratures ; les frottemens arrêtent ou retardent leurs effets en proportion de ce qu'elles sont éloignées de la force motrice : c'est pourquoi il faut, dans tous les cas où on craint de manquer de force , pour faire agir des machines, diminuer la somme des frottemens.

Du remontage doré.

D. Le remontage doré exige-t-il des connoissance et une main - d'œuvre particulières ?

R.

R. Cette partie, qui est la dernière, n'est pas difficile à exécuter, lorsqu'on a employé les soins du repassage, démontrés dans la leçon précédente ; il ne s'agit que d'avoir une grande attention à remettre tout en ordre, avec délicatesse, et avoir surtout, la plus rigoureuse propreté.

D. Y a-t-il des règles à observer dans la manière de remonter doré?

R. Sans contredit, et il est aisé de comprendre que si, par exemple, on remontait tout le dedans, comme les ouvriers sans pratique le font, les pièces du dehors, peuvent ensuite, par quelques changemens, ou autres effets du dorage, gêner des roues, sans que cela s'apperçoive ; et d'ailleurs, quels que soient les soins qu'on prenne à nettoyer les trous, il reste toujours quelque chose que les vis font tomber dans le mouvement, où elles causent des frottemens, et par suite des arrêts inévitables.

D. Quelle est la marche qu'il faut sui-

N

vre pour s'assurer de bien remonter les répétitions après le dorage ?

R. On doit d'abord nétoyer tous les trous en général, et observer que puisqu'on écarisse les trous lisses pour en ôter l'or, qui peut s'y introduire, le noir formé par le feu, la cire ou autres drogues corrosives, on devra aussi passer des taraux dans les trous des vis, sans quoi ces pièces ne tarderaient pas à se rouiller.

Ces taraux devront être un peu huilés, et bien conformes à ceux des trous, pour la qualité et la grosseur des vis ; après quoi on passera des pointes de bois qui entraîneront tous les corps étrangers. On placera d'abord toutes les clefs, et on présentera la bate pour voir s'il n'est point entré d'or dans le drageoir, si elle n'est point dérangée par la gravure, ou par le dorage, et si elle entre bien dans la platine. On remontera les tiges et les broches des marteaux, observant qu'elles soient bien serrées et remises à leurs places, on présentera les levées des quarts pour voir si elles ne sont point gênées par l'impression de la tenaille qui a serré les tiges. On mettra les marteaux seuls dans la cage, après avoir visité les entrées, et ôté l'or qui peut s'y être introduit ; on verra s'ils sont droits et bien libres, après quoi on posera les ressorts qui ne doivent point frotter la platine ni trop s'élever ; on mettra la levée d'heures, pour voir si elle est sans toucher la roue, si elle lève avec douceur le marteau et échappe sans peine ; on aura soin d'un peu huiler la tige, ainsi que la portée sur laquelle elle se ment, de même que la dent qui agit par celle du rochet : toutes ces dents doivent être visitées, pour voir si elles sont arrondies et s'il n'y a point de bavure qui déchire la levée.

On mettra les ressorts des levées des quarts pour voir s'ils font leurs effets, après quoi on les retirera dans la

crainte de les casser , en remontant
à cause de leur délicatesse.

On posera le canon, et le pied haut, qui
porte le tout-ou-rien; on verra s'il
est de lui-même bien droit, et s'il
fait son effet, avec la clef, ensuite
l'étoile, qu'elle soit libre, de même
que le sautoir, s'il prend en plein à
l'étoile sans toucher le limaçon.
On placera avec attention la tige
de la pièce au quart pour ne pas
l'incliner, car la moindre inclinaison
fait changer l'effet des quarts; il faut
de plus qu'elle soit bien serrée à
cause de l'action de son ressort qui
tend toujours avec force à la des—
serrer; on verra si elle est bien libre
et droite, si elle passe sur l'étoile
sans la toucher, si en remontant, elle
fait écarter le tout—ou—rien, avec
douceur, qu'ensuite l'accrochement
se fasse avec sûreté, et que ces deux
pièces soient au même niveau. On
mettra la tige de la poulie, en observant qu'elle soit libre, et ne frotte
point la platine; ensuite on placera

la crémaillère avec sa clef , et on fera attention qu'elle fasse son chemin avec douceur , sans vacillation, et qu'elle soit solidement contenue.

On posera la tige de la roue des minutes pour voir si elle est droite et libre ; toutes les tiges devront être serrées avec une tenaille non dentée , qui ne les froisse point.

On relèvera les grandes pièces seulement , en laissant toutes les autres, pour être éprouvées en dedans avec les roues qu'elles peuvent gêner.

On posera les contre-ressorts , et le ressort de cadran , la charnière et la bate , pour faire fonctionner le tout dans la boîte , parce qu'il y a toujours quelques changemens qu'il convient de faire avant que le dedans soit remonté.

Avant de remonter l'intérieur, on essaiera l'accrochement du ressort , en mettant seul dans la cage le rochet des heures , pour voir s'il entre dans le barillet , s'il accroche le ressort, et s'il agit sans contrainte , comme sans frottement ; après s'être bien assuré de l'incliquetage de la roue ; la négligence à cet égard a causé les plus grands désordres. On mettra de l'huile au trou foncé de la clef excentrique du rouage, et on le remontera.

On choisira le second tour de bande du ressort pour fixer la poulie, après avoir mis de l'huile au trou de la platine.

On verra d'abord, en poussant la crémaillère, si les douze heures frappent avec facilité, ensuite les quarts; si la chute des marteaux n'est point changée, par exemple, si elle étoit trop précipitée, ce seroit une preuve que la pièce au quart est inclinée sur le petit marteau ; cependant, si la pièce étoit droite, et que le grand marteau levât encore suffisamment, on pourroit raccourcir un peu la levée du petit marteau; si, au contraire, il y avoit trop de distance entre les chutes, il faudroit agir de même sur la levée du grand marteau ; mais il faut, en ces cas, n'y toucher qu'avec

prudence et connoissance de cause,
plusieurs ouvriers ont fait, par
ignorance, échapper le grand marteau
le premier, et ôter les sûretés sur le
limaçon des quarts.

On visitera de nouveau le limaçon des
heures, en faisant frapper sur chaque
degré, pour voir si la chaîne n'a
point varié; on en fera de même du
limaçon des quarts et de la surprise.
Quand les effets seront assurés, on
goupillera le bras qui ramène la pièce
au quart.

Avant de remonter les pièces qui tiennent à la boîte, il faut avoir soin
de la bien nettoyer; il reste dans les
angles intérieurs, des matières qui,
venant à se détacher, entreroient
dans le mouvement, et l'arrêteroient.
Il faut sur-tout mettre de l'huile dans
le trou de la vis du timbre, et qu'elle
y séjourne au moins une heure pour
dilater, et détacher le ciment ou les
autres choses qu'il peut y avoir; ceux
qui ont négligé de le faire, ont enfoncé les boîtes et ont cassé des émaux

précieux : il en est de même, lorsque la vis est trop longue. On remettra le timbre à la même place, qui
doit être marquée par un point, vis-
à-vis le poussoir.

Il arrive souvent, quand les boîtes sont
minces, et qu'elles ont été au feu
après l'emboîtage, qu'elles sont plus
enfoncées au milieu, que le timbre
touche dans sa base et ne peut sonner; ce qui embarrasse les remonteurs:
il faut, dans ce cas, si le timbre est
épais, et le ton haut, l'amincir dans
la partie où il touche, et le rendre
conforme à la boîte; il ne faut point
craindre cette opération qui se fait
toujours avec avantage, en donnant de
la liberté aux vibrations, avec le ton
plus bas; les sons en seront plus harmonieux ; si le timbre est déjà mince,
par conséquent le ton bas, on essayera
de le relever par un papier seulement,
s'il ne suffit pas, on y mettra une carte
coupée juste au carré; mais s'il se pré-
sentoit mal droit, il faudroit alors ajuster une rosette de laiton, par laquelle,

en l'amincissant du côté qu'il lève , on parvient facilement à le dresser ; il est très important que la vis soit grande et bien serrée.

Quand on aura ainsi remonté toutes les pièces, et qu'on sera assuré de leurs effets , on mettra de l'huile aux parties frottantes.

De l'huile qu'on met aux répétitions.

D. Comme l'huile contribue à salir les pièces ne pourroit-on pas se passer d'y en mettre ?

R. C'est une nécessité absolue de mettre de l'huile sur toutes les pièces frottantes des montres : cependant , si l'on considère les changemens dont elle est susceptible par le froid et le chaud , par la nature de sa qualité ; par celle que le cuivre lui donne , et celle qu'elle reçoit dans l'espace de plusieurs années , on sera d'autant plus surpris , qu'on a peine à s'imaginer comment une montre peut aller seulement une nuit , étant exposée à un froid médiocre , quand on considère l'impression qu'il fait sur l'huile , parce que le froid en arrête l'humeur onctueuse , et lui donne une fermeté qui gêne tellement les pivots , que le rouage d'une sonnerie , par exemple , en est gêné au point de ne lui pas laisser assez de liberté pour lever les marteaux , d'où il résulte qu'une montre doit varier selon les degrés de chaud et de froid ; puisqu'il est évident que ces changemens causent les mêmes effets que produiroient différentes forces motrices.

La conséquence que l'on doit naturellement tirer de ces inconvéniens , doit être regardée comme une des plus grandes causes des variations continuelles qui arrivent aux montres , auxquelles il n'y a pas apparence qu'on puisse jamais remédier.

D. Quelles sont les pièces de la répétition où il est indispensable de mettre de l'huile ?

R. A toutes les parties agissantes à la grande levée, comme je l'ai dit plus haut, au trou des marteaux , au bout des ressorts qui agissent contre les broches, à la tige de pièce aux quarts, au bout de son ressort , aux levées et à la pièce qui ramène au bout du bras d'accrochement ; au trou de la grande poulie , sous la clef de la crémaillère , au poussoir , à la partie qui frotte sur la plaque , ainsi qu'à celle qui agit sur le talon de la crémaillère.

D. Quels sont les endroits où l'huile est nuisible ?

R. A la surprise , dont elle gêneroit l'effet, au rayon de l'étoile , au sautoir, parce qu'elle se communiqueroit à la surprise ; c'est pourquoi on fait l'étoile de laiton. On ne doit pas en mettre dans les poulies , comme plusieurs horlogers le font , parce qu'elle attire des saletés dont la réunion augmente le diamètre des poulies , ce qui fait frapper des heures de trop ; d'ailleurs , elle cause l'engourdissement de la chaîne. La quantité est nuisible au rouage de

la répétition , et en cause les plus
fréquens arrêts , surtout dans les saisons froides ; l'état d'immobilité de
ces rouages facilite la coagulation
des huiles , d'où il résulte que ceux
qui en ont trop , ont de la peine à
se mettre en mouvement , ou vont très-
lentement ; de sorte qu'étant trans-
portés dans un lieu plus chaud ,
leur vîtesse sera augmentée en proportion de la dilatation des huiles ; si
on se contentoit de passer seulement
un bois huilé dans les trous , on évi-
teroit ces désagrémens.

D. Puis donc qu'il est indispensable de
mettre de l'huile aux rouages , ne
pourroit-on pas en trouver qui ne
fît pas ces changemens ?

R. Il ne faut pas douter qu'une chose
de cette importance n'ait excité l'é-
mulation de plusieurs horlogers , qui,
après bien des recherches , et des
essais , même chimériques , ont re-
connu que l'huile d'olive , la première qui ait été mise en usage ,
étoit la meilleure ; mais il faut en

extraire les parties les plus délicates, qui conservent le mieux leur fluidité, et qui se trouvent au centre d'un tonneau. On a remarqué que l'huile de Nice, et celle dont la couleur est égale à celle de l'olive, étoit la préférable.

RECUEIL

*Des causes qui arrêtent le plus fré-
quemment les fonctions de la
quadrature.*

QUAND le ressort moteur est mal
fait, mol ou trop foible, d'une mau-
vaise courbe, qui ne se développe pas
bien spiralement ; s'il est gêné entre le
barillet et la platine, bridé par le
crochet de l'arbre posé trop haut ou
trop bas, et l'arbre même trop petit,
ayant moins du tiers du diamètre intérieur du barillet, gêné autour du
trou dudit barillet, quelquefois au lardon de potence ; etc., le moindre de
ces cas auxquels on fait souvent très
peu d'attention, diminue considéra-
blement la force motrice ; il faut donner une grande liberté à l'axe qui enveloppe le ressort, ainsi qu'à celui-ci
pour qu'il puisse se développer plus facilement.

Quand les marteaux ne sont pas bien libres et justes dans la cage, tant en hauteur que dans les trous des pivots, surtout en haut; il arrive qu'en frappant, les ressorts agissent toujours trop loin du centre, les jettent de côté, durcissent l'effet, et les font toucher quelques roues, ou la platine, etc.; ce qui arrive particulièrement par les levées des quarts, et trompe les remonteurs qui n'y ont pas pourvû. Quand on se contente de les mettre libres, sans les ressorts et les levées; il arrive aussi, surtout quand les trous ne sont pas justes, que les broches qui traversent la platine, frottent dans les entrées, surtout après le dorage, quand on a oublié d'en ôter l'or qui s'y introduit; de plus, on voit plusieurs pièces s'arrêter, après avoir quelque tems fonctionné, par les tiges qui portent les marteaux, qui n'auront pas été bien serrées; elles se relâchent en frappant: il faut, en ce cas là, démonter les pièces pour les rendre solides, et ne pas se contenter, comme je l'ai vu faire, de les resserrer dans la cage, ce qui ne peut durer long-tems. La levée des heures, cause aussi de fréquens arrêts, lorsqu'elle n'est pas parfaitement libre, tant sur son axe, que dans la platine qu'elle traverse, entre les roues où elle passe, ce que chacun peut connoître ; mais il est des cas que l'on néglige ou que l'on ne sait pas prévoir, et qui causent de grands embarras : par exemple, quand le trou de cette levée est trop grand, elle se portera plus ou moins aux dents du rochet, et fera frapper des coups inégaux ; non-seulement elle perd sa liberté en se jetant sur les pièces voisines, suivant l'impulsion des ressorts ; mais il arrive encore que lorsque la pièce aux quarts vient à l'emmener à son repos, qu'elle s'éloigne, ou s'arboute en dedans, entre la tête de la levée des quarts, et le bras de la pièce aux quarts, et ne peut aller plus loin ; il n'y a en ce cas de remède que d'en faire un autre. Lorsque la levée, soit la dent qui agit sur celle du rochet,

n'est

n'est pas terminée en pointe arrondie, ayant, au contraire, un plat, elle s'accroche sur l'extrêmité des dents du rochet, et s'y tient fortement surtout quand les mêmes dents du rochet se trouvent avoir les mêmes formes ; il n'est pas difficile d'y remédier en les arrondissant.

Avant de quitter les effets de la levée des heures, observons ce qui arrive très fréquemment lorsqu'après avoir échappés, le marteau au lieu de revenir à chaque coup en sa place, retombe sur la dent suivante. Il arrive qu'en mettant le marteau au point de frapper contre le timbre, tous les coups sont retenus par les dents du rochet, et que le dernier n'étant plus retenu, il viendra trop près du timbre, en arrêtera les vibrations, ce qui arrive aussi aux levées des quarts : il faut, dans ce cas, raccourcir et fermer les levées ; ou, si on craint de démenter, faire rentrer le marteau par le contre-ressort, et approcher le timbre s'il se peut.

Un cas semblable, mais produit par une autre cause, me fit apporter une répétition qui, après avoir bien frappé les douze heures et deux quarts, le timbre devenoit entièrement sourd au troisième quart. Ayant examiné toutes les pièces saillantes du dedans. Je vis que la levée des heures pouvoit y toucher, j'y mis du rouge, et j'en fus convaincu. Or tant que la pièce frappoit les heures et deux quarts, la levée se trouvoit de côté, et touchoit au troisième, parce que la pièce aux quarts la faisoit monter au bord de la platine; ayant donc observé que le timbre étoit trop de ce côté, je le mis au milieu, il ne fut plus touché.

J'ai rapporté ici cette anecdote parce qu'il y a beaucoup de levées d'heures qui s'élèvent trop au bord de la platine, et causent des arrêts contre les bates, les boîtes ou le timbre; ce qu'il importe de visiter en repassant.

Arrêt par la sourdine.

Lorsque la sourdine n'est pas bien contenue sur la platine , elle s'élève dans ses extrémités qui passent sous les levées des quarts , lesquelles ayant rétrogradé restent accrochées , et arrêtent la pièce aux quarts; la chaussée qui porte le limaçon des quarts vient ensuite là rencontrer : par ce moyen , le mouvement ainsi que la répétition sont arrêtés; il faut , dans ce cas, faire serrer la sourdine par sa vis , si elle ne l'est pas , en lui conservant la liberté de se mouvoir , et faire baisser les extrémités ou les amincir , au point que dans quelle position qu'elles se trouvent avec les levées, elles ne puissent se toucher Quand on a posé cette pièce sur la platine , et qu'on a vu son effet ; on ne pense pas toujours qu'elle peut être gênée par la bate sur le bras saillant , qui tend ainsi à faire lever ses extrémités.

Lorsque la sourdine fait faire trop de chemin aux marteaux , ils peuvent rester arcboutés sur les extrémités, et y tenir très fort ; ce qui arrête par conséquent tous les effets : il faut donc un point d'arrêt, que le quadraturier fait par le ressort du petit marteau ou la clef de la bate, et le repasseur par une simple goupille à la platine ; d'ailleurs cet arrêt est important afin de laisser assez d'espace aux marteaux pour frapper contre la sourdine.

Arrêt par les poulies.

Lorsque la petite poulie n'est pas retenue, descend trop sur la platine, et y est comprimée par la goupille que porte le carré au-dessus de la pièce qui ramène les quarts, elle fait un frottement capable d'arrêter les derniers quarts, surtout quand cela se fait inégalement.

La même chose arrive, quand le clou qui tient la chaîne à la poulie, se déborde par dessous, en frottant la platine.

Lorsque ce même clou surpasse au dehors, la pièce au quart qui passe par-dessus la poulie souvent avec très peu

de distance, vient s'arrêter contre, et
cause l'arrêt de la pièce ; le nombre que
j'en ai vu est infini : aussi beaucoup d'ouvriers cherchent ailleurs les causes, sans
soupçonner celle-ci qui n'est pas apparente.

La même poulie, presque toujours
très mince, aura été courbée, en la
mettant, ou en la retirant, sans y faire
attention ; la chaîne qui doit y circuler
très librement, s'engorgera assez fort
pour faire mécompter les heures, ou
arrêter les effets ; de même aussi après
un long service, les saletés que la chaîne
charie se déposent dans les poulies, en
augmentant le diamètre, et font mécompter

Si l'axe de la grande poulie s'est incliné, il y aura un frottement sur la
platine, qui arrête le dernier quart, mais
surtout si elle est élevée du côté de la
crémaillière, dont le bout qui porte l'anneau de la chaîne entre quelquefois et
fort mal à propos dans la poulie ; il
arrive qu'au lieu d'y entrer, les deux
bords se rencontreront, et le dernier

quart ne pourra frapper : il faut dans ce cas , remettre la tige de la poulie bien droite , ou diminuer en talus le bord inférieur , qui facilitera le passage de la crémalière ou de l'anneau, ainsi que je le fais à toutes les pièces que je repasse en les emboîtant.

Arrêt causé par la chaîne.

Comme on n'est pas assez exact sur le choix des bonnes chaînes employées aux quadratures, il arrive souvent qu'elles se cassent, soit à cause de leurs défauts , ou par la rencontre de quelques pièces au moment de l'impulsion du poussage ; quand cela arrive entre les mains d'un ouvrier habile , le mal n'est pas difficile à réparer ; mais qu'on se représente un pareil accident accompagné de la perte de quelques maillons , entre les mains d'horlogers de provinces , dont la plupart n'ont aucune notion de la quadrature. Il renouera la chaîne , comme il auroit renoué celle de la fusée , nettoiera la pièce et la croira bien rhabillée, quand tout-à-coup il sera étonné qu'elle frappe plusieurs heures de trop et pas assez de quarts ; il se tourmente long-tems , et s'il est intelligent , il allongera la chaîne, mettra un maillon de trop ; il en résulte un nouvel embarras , sa pièce frappe moins. J'en ai vu plusieurs ne pouvoir réussir à les remettre parfaitement de longueur juste , ne rencontrant pas des maillons bien semblables ; il y aura toujours des différences qui feront mécompter ; il faut donc , après avoir approché le plus près possible la juste longueur de la chaîne, refaire l'anneau qui la tient à la crémaillère plus ou moins long ; s'il arrive qu'il n'y en ait point , et que la chaîne entre elle-même dans la crémaillère , ce qui est assez fréquent , et que la pièce frappe une heure de trop, c'est une preuve que la chaîne est trop courte ; alors on diminuera peu à peu le diamètre intérieur de la grande poulie , jusques à ce qu'elle fasse détendre avec précision le nombre d'heures indiquées par le limaçon. Si au contraire la chaîne étoit trop longue et ne pouvoit faire, à une heure près, on diminuera peu à peu et avec la même précision le bras de la crémaillère, qui tombe sur le limaçon ; mais avant cette opération, il faut s'assurer que le poussoir, ainsi que la crémaillère, peuvent s'enfoncer plus avant dans la pièce.

Il est très important de rendre les chaînes souples, et que l'anneau se meuve bien librement ; à cause de ce défaut, un grand nombre de pièces ont de la peine à frapper le dernier quart, ou ne le frappent pas du tout.

Arrêt causé par la crémaillère.

Les effets de cette pièce sont si simples, qu'il est rare qu'elle cause des arrêts ; j'en ai vu cependant plus d'une fois, qui n'étant pas bien contenues sous leurs clefs, s'élevoient et venoient s'arrêter contre la bate ou la charnière ; par la même cause, lorsque le limaçon des heures est mince, ou vacille dans sa cage, le bras de la crémaillère, poussé avec force , passe par-dessus le limaçon, s'engage avec l'étoile , y reste et cause l'arrêt de toute la pièce. Si le bout du bras est terminé surtout en talus , il forcera le limaçon à le laisser passer par-dessous, et arrêtera de même tous les effets.

Arrêt produit par la pièce des quarts.

Cette pièce peut causer autant d'arrêts qu'elle produit d'effets différens ; c'est elle qui exige le plus de soin dans l'exécution, qui décide le sort de la quadrature , comme elle en cause les plus fréquens dérangemens, ainsi que nous allons le faire voir.

Lorsqu'elle n'est pas bien libre sur son axe , et qu'il s'y joint encore quelques saletés , le ressort qui le fait descendre tend à la desserrer , d'autant que cet axe a pour l'ordinaire très peu de solidité, la platine , en cet endroit , étant toujours fort mince , ce qui exige la plus grande attention pour les repasseurs. On comprend bien que

si cette pièce est desserrée , elle s'ac-
crochera sur ses voisines , et ne pourra
pas remonter.

Si en serrant la tige qui porte la
pièce aux quarts , on la fait incliner
sur un des marteaux plus que sur
l'autre ; comme sur le grand , les chutes
en seront trop distantes . c'est-à-dire
que le petit marteau échappera long-
tems avant le grand , et peut-être
celui-ci n'échappera pas du tout ; la
levée restera accrochée sur l'extrémité
de la dent , et le marteau s'enfonçant
trop , ira arrêter quelques roues du
mouvement. Il en sera de même du
petit marteau si la pièce aux quarts
est inclinée de son côté , les chutes
seront alors plus précipitées , en faisant faire plus de chemin au petit
marteau qui , aussi ne pourra échapper , et restera sur la dent , ou arrêtera le rouage.

Si elle est inclinée du côté de son
limaçon , le bras qui tombe dessus ,
s'il est simple , passera par dessous, et
fera mécompter les quarts , de même

qu'elle passera par dessus, si elle est inclinée du côté contraire.

Tout cela prouve combien il importe que la pièce au quart soit posée horizontalement, bien assujettie, et libre sur son axe ; passons maintenaut à ses autres effets.

Un grand nombre de répétitions ont de la peine à frapper le troisième quart, et plusieurs s'arrêtent en cet endroit, accident qui n'étonnera pas si l'on considère combien d'effets ont lieu à la fois, et combien de résistence la force motrice doit vaincre au moment même où elle est la plus foible ; d'abord celle du ressort de la pièce au quart toujours trop fort, celle des deux marteaux, le ressort de la levée, des heures, et ceux du tout-ou-rien, chacun d'eux peut en son particulier arrêter l'effet de cette pièce, s'ils ne sont pas proportionnés les uns aux autres, le premier qu'on appelle ressort de la pièce au quart étant trop fort ou pressant trop la pièce au quart, l'arrêtera avant qu'il acheve son effet, j'en ai fait fonctionner un grand nombre , en diminuant cette force , ou en ôtant la pression , (car il ne faut pas que ce ressort touche la pièce au quart comme quelques horlogers le croient) ou en adoucissant le bout qui agit contre la cheville , qu'on laisse souvent avec des traits et des bavures , capables d'arrêter l'effet ; ce qui arrive surtout quand la cheville est placée trop haute ; si le bras qui conduit la levée des heures n'est pas disposé de manière à la prendre en plein , et que son ressort soit en même tems dur , ou gêne la pièce au quart , ne manquera pas de s'arrêter. Quand celui du tout – ou – rien est trop fort , ainsi que celui du sautoir qui le repousse , et lorsque les bras qui agissent l'un contre l'autre ne sont pas adoucis , parce qu'il y a des bavures ou raies droite , il est clair que la force motrice ne pourra les vaincre , la pièce au quart restera en chemin.

Cette pièce est souvent gênée ou arrêtée par la poulie sur laquelle elle passe , et qui tend toujours à se lever , lorsqu'elle n'est pas bien assujettie.

J'ai vu des horlogers chercher partout un arrêt du troisième quart qui étoit causé par le canon de la pièce qui ramène, et contre lequel la pièce au quart s'arrêtoit, mais le plus difficile à connoître est un des plus fréquents, c'est lorsque la cheville qui fait conduire la pièce au quart est mal placée, que le bras qui la mène est mal formé, et perd entièrement sa force avant le dernier quart. C'est ici le mystère de la quadrature, et ou l'ouvrier sans théorie est embarrassé ; car par la direction de ce bras et de la situation de la cheville, on peut faire frapper le dernier quart aussi facilement que le premier; il seroit difficile de nombrer toutes celles que j'ai fait fonctionner par ce moyen, et dont la plupart avoient été dénaturées sans pouvoir y réussir.

Avant de quitter cette pièce arrêtons-nous un moment sur l'embarras où se trouvent la plupart des horlogers, pour égaliser la chute des deux marteaux à chaque quart, et des effets qui en résultent, par exemple, lorsqu'ils sont trop précipités et qu'ils échappent presque ensemble ; leur première idée est de raccourcir la levée du petit marteau qui doit échapper le premier ; j'en ai vu faire échapper le grand par ignorance : qu'arrive-t-il en raccourcissant les levées ? le petit marteau levant déjà fort peu , ne se fera plus entendre , et de plus la levée échappera à l'heure sans quart , ainsi qu'aux autres degrés du limaçon.

Il en sera de même si on raccourcit celle du grand marteau dans le cas où sa chute tarderoit trop après celle du petit ; on doit , quand on est forcé à cette opération, s'assurer qu'il y a assez de sûreté sur le limaçon du quart, pour que cette diminution , ne puisse les faire passer qu'à leurs juste degré ; mais , dira-t-on , comment égaliser les chutes des quarts quand ils sont inégaux en-tr'eux ? Cela prouve que les dents de la pièce au quart sont inégales , inégales tant en hauteur qu'en distance ; il faut , dans ce cas , les éga- liser autant qu'il est possible ; si elles

deviennent trop courte, il faut alors
alonger la levée, ou en faire une plus
longue ; mais il n'est pas permis de
raccourcir les levées que dans le cas
où elles feroit trop lever le marteau,
et viendroit s'échapper sur les dents
suivantes, ce qui retient les marteaux,
et cause une dissonnance très désagréable. Lors donc que les marteaux
échappent ensemble ou à peu près, et
que les levées ne peuvent se raccourcir, il faut faire avancer le bras de la
pièce au quart qu'il prenne plutôt le
petit marteau, ce qui se fait en frappant avec un marteau un peu tranchant
du côté opposé, sur le plat, inclinant,
tant qu'il sera possible, contre le bord;
l'effet en sera très sensible, surtout
quand on frappe près du centre de la
pièce au quart.

Si, au contraire, les chutes avoient
trop de distance, et que les quarts
frappassent comme des heures, on fera
la même opération, par le côté contraire.

Le besoin qu'on la plupart des répétitionnaires d'être instruit des effets de cette pièce aux quarts et des moyens de les faire , me font espérer qu'on ne me reprochera pas de m'être trop étendu , si j'ai pu me faire comprendre , j'aurai la satisfaction de voir par la suite , des répétitions frapper les heures et les quarts avec plus de précision que ne le font la plupart de celles qui existent à présent.

Arrêt par le ressort des deux levées appelé à double effet.

L'inventeur de ce ressort étoit sans doute de l'avis de ceux qui disent qu'il faut abréger les pièces pour en rendre les effet plus sûrs. S'il n'étoit pas notoirement connu que celle-ci a causé plus d'arrêts qu'aucune autre pièce , on pourroit alléguer d'autres preuves pour détruire ce préjugé ; chaque pièce de quadrature ayant sa fonction particulière , on ne peut donc en supprimer qu'en chargeant les autres d'un double effet , et l'on fait manquer l'autre comme on le verra ci-après.

Pendant

Pendant que la levée des heures tient le ressort écarté, celle des quarts reste libre ; lorsque la pièce aux quarts est descendue, et que la levée des heures est restée en arrière, comme cela arrive souvent, celle des quarts ayant rétrogradé, sans être ramenée, s'arc-boutera sur l'extrémité des dents de la pièce aux quarts, et en cause l'arrêt.

Combien de fois ne voit-on pas la levée des quarts sortir de sa place au moment de l'impulsion donnée par la pièce aux quarts, ce qui arrive parce qu'il n'y a pas un arrêt assez fort entre le ressort et la levée, pour l'empêcher de rétrograder : dans ce cas, il faut examiner si, lorsque la levée des heures a écarté, le plus loin qu'elle le peut, le ressort, la levée des quarts peut sortir, s'il y a peu de chose, et que la levée d'heures fasse faire beaucoup de chemin au ressort, à chaque dents du rochet : il suffira de raccourcir le bout du ressort, afin qu'il s'écarte moins ; si cela ne se peut pas, il faudra refaire la levée avec un bras plus

P

long , ou un ressort dont l'arrêt soit moins reculé ; quelques ouvriers mettent une goupille à la platine pour arrêter la levée au-delà de ce qu'elle doit rétrograder pour le passage des dents : j'en ai mis souvent au rhabillage , avec succès , au ressort même.

Il n'y a pas un répétitionnaire qui n'ait été embarrassé à faire ramener la levée des quarts , lorsque la tête est petite , l'appui du ressort n'est pas suffisant pour la repousser avec force où elle ne sera pas entaillée assez loin, et elle présente , en rétrogradant , un angle sur lequel le ressort ne peut agir; s'il est trop reculé , le ressort s'arrête sur la tige du marteau , et ne fera que peu d'effet ; il suffiroit, pour le condamner, de se représenter ce qui arrive tous les jours , qu'en serrant ou desserrant seulement la vis du ressort d'un douzième de tour , son effet est arrêté.

Le défaut le plus considérable de ce ressort est de passer par dessus la broche du marteau , contre laquelle la levée agit au point, qu'entre la sourdine et ce ressort, il ne reste que l'épaisseur d'une carte d'appui pour l'action de la levée sur le marteau; de sorte que pour peu que le ressort s'élève, la levée se met hors de prise, échappant le marteau, ce qui est un des cas les plus fréquens, et qui n'arrive point, non plus que les précédens, quand chaque levée a son ressort particulier; quand il arrive qu'ils ne font pas leurs effets, il n'est point d'ouvriers qui ne puisse le leur faire faire.

Il arrive bien quelquefois, que le ressort particulier de la levée des heures ne peut pas la ramener lorsqu'elle rétrograde plus qu'elle ne doit pour le passage des dents du rochet, ou que le bras s'écarte trop : dans ce cas il faut l'arrondir, ou le reculer; quand au premier, il suffira de mettre à la platine, une cheville qui traverse l'entrée trop reculée, et qui arrêtera la levée; mais il faudra aussi reculer le bras de la pièce aux quarts qui la conduit en arrière, le tout, avec l'at tention de laisser libre passage aux dents du rochet.

Arrêt de la levée du petit marteau par le contre-ressort.

Lorsqu'on voudra faire rentrer le petit marteau pour l'éloigner du timbre, le contre-ressort s'approchant de la levée, la gênera au point de rester en prise sur l'extrémité des dents de la pièce aux quarts, et l'arrêtera.

Le même effet arrive lorsque le contre-ressort n'étant pas bien assujetti, la vis de rappel sera pressé par la bate, fera lever le bout qui passe sur la levée et l'arrêtera.

La sourdine, comme nous l'avons fait voir, produit, sur cette levée, le même effet : je le répète pour que, dans le besoin, on ne soit pas embarrassé.

Arrêt du tout-ou-rien.

Cette pièce, dont l'effet est si simple, ne peut causer d'arrêt que lorsqu'elle ne s'écarte pas assez pour laisser passer la pièce aux quarts, ou qu'elle a trop d'accrochemens ; il faut avoir grand soin de le diminuer, puisqu'en bonne règle la pièce aux quarts doit s'échapper avant qu'on ait poussé le limaçon entièrement à fond ; mais observons pourquoi ces pièces se décrochent au premier mouvement qu'on fait par le poussoir, avant d'avoir atteint le limaçon, qui seul doit faire détendre, et qu'il frappe moins d'heures qu'il n'en faut.

Un emboîteur vint me communiquer un cas semblable, dont il ne pouvoit pénétrer la cause; il avoit donné différentes courbes sans rencontrer la bonne, qui est une règle générale que la théorie apprend : c'est de donner un trait de compas à chacun des bouts d'accrochemens, au moment où la pièce des quarts est dans son repos, tiré du centre du tout-ou-rien ; j'entends le centre de son mouvement qui est le bout opposé à celui de l'accrochement, et les limer suivant ces traits ; l'emboîteur fit lui-même l'opération , et vit avec étonnement sa pièce en sûreté. Combien de quadraturiers ignorent encore cette règle et ne réussissent que par hazard. Si on éprouvoit, à cet égard , toutes les répétitions , on en trouveroit plusieurs avec ce défaut ; mais le particulier qui ignore cela , l'attribue à ce qu'il n'a pas poussé assez fort, et en redoublant de force il a toujours les heures justes.

Arrêt par l'étoile , le limaçon et le sautoir.

Lorsque l'étoile a perdu sa liberté par quelques saletés ou autres accidens, et que le sautoir ne peut la renvoyer, le rayon contre lequel la surprise agit, se présente en ligne droite contre elle, et l'arrêtera, ainsi que le mouvement.

La même chose arrive si le sautoir s'est roidi , et reste à l'extrémité du rayon. Il est aisé de parer à cela , en donnant à ces pièces la plus grande liberté, et lorsqu'elles en ont trop, défaut le plus fréquent, le sautoir se glisse par dessus l'étoile, et cause l'arrêt de toute la machine. Quand ce mal n'arrive pas, il en est d'autres que trop de lâchement occasionne : l'étoile pouvant s'élever, viendra arrêter la surprise au moment où elle devroit passer par dessus. Il arrive quelquefois que le limaçon des heures passe trop près du carré de fusées, et s'y arrête. J'ai vu des horlogers, chercher dans ce cas toutes autres causes, sans penser à celle-là, et d'autres baisser ce degré et paroître étonnés ensuite que la pièce mécomptât, frappant deux heures pour une ; ce qui oblige de renfoncer tous les autres degrés ; opération difficile, et qu'on ne peut éviter qu'en faisant une gorge à la tige de fusée.

On est étonné de voir la crémaillère faire détendre sur midi, avant d'avoir atteint le limaçon, et ne faire frapper que quatre ou cinq heures : cela arrive quand on n'a pas eu soin d'ôter le degré prélevé à l'étoile. Le bras de crémaillère s'y arrête et fait détendre sans aller plus loin, accident qui arrive toujours quand elle n'est pas bien contenue par sa clef.

Un remonteur d'une pièce dont j'avois repassé la quadrature, et trouvé le limaçon égal, vint me dire qu'elle mécomptoit de six en six, l'ayant examinée je trouvai qu'il l'avoit changée de place sur son étoile, n'ayant point fait de repert avant de l'ôter, si le trou du limaçon avoit été juste sur le canon de l'étoile, et celui-ci bien rond, cela n'auroit fait aucun changement. Il est aisé de comprendre que le trou étant trop grand, il s'étoit jeté et produisoit cette différence de six en six ; je le retournai, je resserrai le trou, et il fut juste.

Combien de répétitionnaires sont embarrassés à expliquer pourquoi, par exemple, une pièce frappera bien juste les heures, ou certaines heures, jusqu'à cinquante ou cinquante-trois minutes, et que, depuis là, jusqu'aux soixante, elle frappera une heure de plus ou de moins ? C'est par de tels problèmes, quoique simples à résoudre, qu'on peut sonder les connoissances de ceux qui se mêlent de faire des répétitions. Lorsque la surprise commence à prendre l'étoile pour changer l'heure, ce qui arrive assez communément à cinquante ou cinquant-trois minutes, elle déplace le limaçon, lui fait présenter le derrière du degré ; s'il n'est pas entaillé bien concentriquement, et s'il est plus élevé, il est clair que si on fait répéter dans ce moment, elle frappera une heure de moins ; comme aussi lorsque le degré est plus enfoncé sur le derrière, la pièce frappera une heure de plus. Quand les quadraturiers ont laissé des traits concentriques, ce qu'ils devroient toujours faire ; ceux qui repassent ou remontent feront bien d'y donner un coup d'œil. Il est très sûr que plusieurs répétitions sortent de nos fabriques avec ce défaut : très peu d'ouvriers pensent à faire cet examen. Dans les provinces , j'ai rhabillé des répétitions auxquelles les propriétaires avoient , disoient-ils , toujours remarqué ce défaut. Il est vrai aussi , que cela ne peut paroître quelquefois qu'à la suite d'un long usage, la chaîne s'allonge et fait détendre avec peine sur le repos du limaçon. Quand il présente le derrière du degré qui sera plus élevé, elle ne pourra , par conséquent, détendre l'heure.

Ce n'est pas tout , l'épreuve la plus délicate , est à douze heures cinquante-neuf minutes et demie ; le tems que la pièce met à les frapper est celui où elle change l'heure ; en repoussant immédiatement après , elle doit frapper l'heure juste ; et la moitié des répétitions sont en défaut dans ce cas-là : il y en a qui frapperont l'heure prochaine à 59 minutes , et les trois quarts, parce que le plus haut degré du limaçon se présente trop tôt ; d'autres qui frapperont encore les 12 après les 60 minuttes , parce que le limaçon s'avance trop tard ; le bras de la crémaillère étant incliné tend à le faire reculer pour s'enfoncer jusqu'au douzième degré , surtout si on pousse avec force pour s'assurer de cet effet , on fera descendre la crémaillère au douzième degré , l'aiguille étant à 59 minutes et demie , et avançant à 60; on verra si le plus haut du limaçon vient joindre le bras de la crémaillère, et si le sautoir a passé l'autre côté du rayon de l'étoile , et est prêt à la faire avancer lorsque la crémaillère remontera , et qu'en la repoussant sur l'heure juste , il y ait assez de sûreté , c'est-à-dire que le limaçon se soit avancé au-delà même du bras de la crémaillère.

Il y a aussi un autre cas où des pièces frapperont l'heure prochaine , depuis 59 à 60 minutes ; ce qui arrive lorsque le bras de la crémaillère n'entre pas au commencement des degrés du limaçon , dans l'état de repos , les degrés ayant passé trop tôt , le suivant se présente avant les 60 minutes ; il faut alors redresser le bras de crémaillère ou faire rétrograder le limaçon par le sautoir.

Ce dernier cas est plus difficile à connoître, et est moins fréquent que le premier.

Il y a beaucoup de pièces où l'étoile n'est pas bien contenue par le sautoir et se déplace par la pression de la crémaillère ; déplacement qui arrive lorsque le sautoir est mal placé, ou lorsque sa forme, est trop peu angulaire, et que le bras de crémaillère n'est pas dans le rapport qui convient au centre du limaçon ; passant trop en dedans ou trop en dehors, il tendra à faire glisser le limaçon et l'étoile : la règle est que le dehors de ce bras doit partager le centre du limaçon.

Arrêt par la surprise.

Lorsque la goutte qui retient la surprise se relâche, le bouton qui passe dans l'étoile viendra s'arrêter contre le limaçon sur lequel il doit passer, et arrêtera la pièce ; ou si l'effet manquoit par le bord de la surprise elle s'arrêteroit contre l'étoile, au lieu de passer par dessus.

Si la roue, ou la tige du centre, qui porte la chaussée, devient vacillante dans la cage, et s'il y a peu d'intervalle entre la platine et la goutte qui retient la surprise. Il arrivera qu'en tournant les aiguilles on pressera la chaussée contre la platine, cela fera serrer la goutte, et la surprise ne pourra plus se mouvoir ; cet événement ne causera pas l'arrêt de la pièce, mais la fera mécompter, en ce que la pièce aux quarts ne pourra pas descendre aux trois quarts du limaçon, après l'heure passée sans quart, puisque l'effet de la surprise est de faire changer, dans un instant, les heures et les quarts, par l'impulsion du sautoir ; aussi le rapport de ces deux pièces est tel, que l'un ne peut être arrêté sans arrêter aussi l'autre.

On trouve souvent des pièces arrêtées au moment du passage du bouton de la surprise dans l'étoile ; ce qui arrive de 50 à 60 minutes, toutes les fois que les pièces sont en arrêt en cet endroit, il faut chercher la première cause dans ce passage, si le bouton est trop gros, ou s'il s'arcboute contre le limaçon, s'il est, au contraire trop petit, il arrivera qu'après avoir détendu aux 60 minutes, si l'on fait répéter en ce moment la pièce aux quarts, en tombant sur la surprise, la fera rentrer et frappera trois quarts à l'heure juste ; ce qui arrive d'autant plus que le bras de pièce aux quarts sera incliné pour faciliter cette rentrée. Dans ce cas il faut grossir le bouton passant juste dans l'étoile, et sans faire reculer le tout-ou-rien, (ce qui prouveroit qu'il seroit trop gros,) de façon qu'au moment où la surprise s'est avancée elle ne puisse rétrograder, ce que l'on essaye en la repoussant avec une pointe, et qu'elle présente assez de sûreté pour que la pièce aux quarts ne puisse s'échapper.

Comme cette pièce exige une grande précision, et qu'en remettant un bouton ou une autre surprise, on pourroit ne pas réussir ; on fera bien de voir le chapitre de l'exécution de la surprise.

J'ajouterai encore une observation également intéressante. Lorsqu'il y a peu d'intervalle entre la surprise et l'étoile, si cette dernière n'est pas bien droite, et si la cheville du limaçon des quarts qui règle le mouvement de la surprise, excède la surprise, et fait, dans ce cas, avancer l'étoile et le limaçon des heures qui se trouve en avance d'un degré à toutes les heures, au grand étonnement de beaucoup d'horlogers, qui n'ont pas même fait attention à cette cheville ; j'en ai vu courir partout demander l'explication de ce phénomène,

Arrêt par le limaçon des quarts.

Cette pièce, étant détachée des autres, ne peut causer d'arrêt que lorsqu'elle est gênée dans son passage concentrique, par d'autres pièces, comme le canon du pignon de renvoi, le ressort des pièces aux quarts, le tout-ou-rien, etc. etc.

Quant au premier il ne faut pas di-

minuer le limaçon comme je l'ai vu
faire, ni ôter la sûreté de l'heure sans
quart. Si on ne peut diminuer le canon du pignon, il faut l'éloigner, à
moins qu'on ne puisse allonger le
bras de pièce aux quarts par une adi-
tion, pour diminuer le limaçon ; pour
le second cas il faut affoiblir le ressort à l'endroit qui touche, et donner de la bande dans le fond, et il se
courbera de lui-même en s'éloignant
suffisamment.

Quand en tournant les aiguilles d'une
pièce arrêtée, on sent des résistances,
on est sur d'en trouver la cause dans
ces passages, la surprise étant relâchée
s'arrêtera sur la clef de crémaillère de
l'étoile ou du limaçon, ce que l'on
reconnoîtra facilement.

Arrêt de la répétition par la boîte.

Quoiqu'une répétition ait bien fait ses
effets en blanc dans la boîte brute, il
est très ordinaire qu'elle éprouve des
changemens, lorsque la boîte est finie ;

il

il arrive souvent qu'en soudant le canon, le carré etc., elle se jette par l'effet du feu, se decompose, perd sa rondeur et la forme primitive, ce qui prouve des inégalités d'épaisseur; alors le fort tire le foible. Dans cet état, que l'emboîteur répare le mieux qu'il peut, il fait fonctionner la quadrature; la boîte retourne ensuite au feu pour l'émailler, ou souder des ornemens, etc. ; elle change encore de forme entre les mains de celui qui la finit : tout cela procure les effets ci-après, dont on charge mal à propos l'emboîteur.

Si le bord de la boîte du côté du canon s'étoit jeté en dehors, et si on l'a fait rentrer en finissant la boîte, le troisième quart ne pourra achever de frapper, ou l'accrochement de la pièce au quart avec le tout-ou-rien ne se fera pas, étant empêché par le poussoir, qui fera rentrer, avec le canon, ce qu'on connoît en ouvrant le mouvement hors de la boîte ; alors le troisième quart frappe, et l'accrochement se fait.

Le même cas arrive, à la suite d'un

coup donné à la boîte en cet endroit, que bien des horlogers de province ont de la peine à comprendre. J'en ai vu qui avoient raccourci les dents du dernier quart, pour le faire échapper, ainsi que les bras d'accrochement; il seroit inutile de faire sentir l'ignorance de ce procédé : on comprend bien que des dents ainsi raccourcies, ne font plus lever que foiblement les marteaux, que par conséquent ce dernier quart étoit à peine entendu; que de plus il n'y avoit pas assez de sûreté sur le limaçon des quarts pour l'heure juste ; l'accrochement relâché, laissoit descendre la levée des heures sur le rochet, et arrêtoit le rouage lorsqu'on ne poussoit pas à fond.

Qu'on ne s'étonne point, si je répète quelquefois ce que j'ai démontré ailleurs; ces citations sont utiles, parce qu'on ne sauroit trop répéter ces sortes d'effets, que d'ailleurs je traite pour l'instruction de mes élèves. Revenons à notre premier cas : lorsque le poussoir est ainsi rentré, comme nous l'avons dit, le premier mouvement de celui qui le connoît est d'abord de le raccourcir, jusques à ce qu'il laisse achever le dernier quart et l'accrochement. Qu'arrive-t-il? Ce poussoir qui est juste de longueur, ne pourra plus atteindre les 12 heures; il faut donc avant l'opération, s'assurer qu'il y a du reste au fond après les 12 heures détendues : s'il n'y en a pas, il faudra reculer le talon du poussoir par derrière, ou la partie de la boîte qu l'arrête.

Causes qui arrêtent les vibrations du timbre.

Les pièces qu'on est obligé d'attacher au dedans de la boîte, causent fréquemment l'arrêt des vibrations des timbres. Tels sont : le ressort de fermeture, qu'on devroit toujours placer sur le côté, le moindre coup à la boîte le fait toucher, quand il est par-dessous la plaque d'acier qui maintient le poussoir ; étant trop près, peut par le même choc toucher aussi le timbre ; la toque, si elle n'est pas bien contenue, le gêne

le plus souvent, quand surtout les boîtes
sont si serrées qu'elles laissent peu d'intervalle avec le timbre, et que de plus
elles sont encore bien légères, et les
bates foibles; il est impossible que de
telles répétitions se maintiennent en
fonctions seulement six mois, le trans-
port seul les dérange, et trompe toujours ceux qui les achètent. Plusieurs
sont envoyés ici pour remettre d'autres
timbres qu'on croit cassés, même d'après
l'avis des horlogers de provinces, qui
ne savent pas comment lever la bate
pour l'examiner; la vis qui le tient,
n'a qu'à se relâcher de la moindre chose,
pour le faire approcher de quelques-unes
des pièces dont nous venons de parler.
Il est donc très important de donner
de l'espace aux boîtes, de bien assujettir
les pièces qui y sont rapportées, en les
éloignant le plus qu'on peut du timbre,
que la vis soit grosse, sa tête grande,
pressée de deux côtés par une doublure
de papier; il faut y faire un repert bien
marqué, pour qu'on ne puisse le changer
de place; on comprend, sans que je le

dise, que les marteaux étant changés, ils toucheront trop ou trop peu, ou même point du tout, et que si on les fait ressortir, les dents du rochet et de la pièce au quart n'étant pas assez distantes, recevront les coups de marteaux qui n'exprimeront que la moitié ou le quart des vibrations du timbre. J'ai vu des horlogers qui, ne sentant pas cette conséquence, plaçoient le timbre à leurs fantaisies, et attribuoient à d'autres causes ces dissonnances ; de plus, si on ne pense pas que la toque devient trop longue quand le particulier s'en servira, au lieu de passer sur les marteaux, elle s'engagera avec eux au point d'arrêter la pièce : le contraire arrive, quand le timbre s'est approché des marteaux qu'on aura fait rentrer ; alors la toque restant éloignée, ne peut recevoir les coups.

Causes singulières qui arrêtent les vibrations du timbre.

Une répétition fut envoyée ici, parce que de tems en tems elle frappoit comme si le timbre eût été cassé, ce qui n'ar-

rivoit qu'à certaines heures, et disoit-
on, que depuis que l'horloger du lieu
l'avoit rhabillée ; je la fis frapper à toutes
les heures, et je trouvai que cela arrivoit
quatre fois dans les vingt-quatre; je dis :
quel est le mobile qui ne fait que quatre
tours ? c'est le barillet. L'ayant examinée,
j'y trouvai un crochet monstrueux, que
notre empyrique avoit mis à la chaîne,
qui chaque fois qu'il passoit devant le
timbre, en arrêtoit les vibrations ; j'en
mis un ordinaire, et le mal fut réparé.

Il n'est pas rare que des barillets trop
en dehors n'aient touché par fois le
timbre avec la chaîne, et embarrassé le
rhabilleur qui, après avoir nettoyé le
dedans de la boîte, n'aura pas remarqué
le repert, ou laissé échapper une portée
de carte ou de papier, sur lequel le
timbre reposoit. On est embarrassé, surtout quand les barillets ne tournent pas
rondement, et ne touchent que par fois :
de faux étuis mal faits, compriment aussi
la boîte, jettent les pièces du dedans
contre le timbre, et inquiètent beaucoup
d'horlogers qui ne savent où en chercher

les causes pour les reconnoître. Il faut ôter le faux étui, presser la boîte de toutes parts avec les doigts, jusqu'à-ce que l'on trouve l'endroit sensible où le faux étui presse, et lui ôter avec un racloir ce qu'il a de trop en cet endroit.

Un autre rhabilleur laissa excéder une goupille des pilliers, qui ne touchoit le timbre que lorsque le faux étui étoit fermé ; il ne put découvrir cette cause qu'il attribuoit toute entière au faux étui, et conseilla au propriétaire de l'ôter entièrement, ou tout au moins quand il voudroit faire frapper sa répétition ; ce qu'il fit pendant long-tems. Fatigué de ce désagrément, il l'envoya à un de nos fabricans, qui me l'apporta ; dès que je l'eus ouverte, j'aperçus cette goupille, la coupai, et il la remporta bien sonnante et fermée.

Je suis, au reste, bien éloigné de comparer tous les horlogers de provinces à ceux dont je viens de parler, ayant été témoin des stratagèmes les plus ingénieux, mis par eux en usage, pour faire fonctionner des répétitions, où la plus grande partie de nos répétitionnaires auroient succombé plus d'une fois. J'ai entendu, au centre des fabriques les plus célèbres, prononcer ridiculement sur des timbres qu'ils faisoient changer, parce qu'ils sonnoient mal ; j'ai vu aussi changer la forme des marteaux, la courbe des ressorts etc., et tout cela sans succès, parce qu'ils n'avoient pas aperçu que les contre-ressorts n'étoient pas bien serrés, et causoient la dissonnance. On a été imbu pendant long-tems d'un préjugé absurde, que les contre-ressorts devoient être élastiques ; l'expérience prouve au contraire qu'il les faut très solides : les vis de rappel se relâchent en frappant, quand elles ne sont pas bien tenues, le moindre de ces défauts ôte la jouissance des répétitons ; et on y fait souvent très peu d'attention.

Pour juger facilement celui des deux marteaux qui touche trop, il faut entendre les quarts, ou bien quand l'un et l'autre est levé ; celui qui frappe net n'est pas celui qu'il faut faire rentrer. Quelques personnes m'ayant assuré qu'el-

les avoient ôté des timbres anglois pour
en mettre d'autres inférieurs., qui sonnoient mieux , j'en essayai trois de différentes qualités, mais de grandeur et de
hauteur égales ; et je trouvai que celui
dont la forme avoit le plus de rapport
avec celle de la boîte avoit le plus d'avantage , ce que je confirmai par d'autres
boîtes , dans lesquelles le même perdoit
sur les autres.

Causes singulières qui arrêtent les effets de la quadrature.

Une quadrature qui avoit fait tous
ses effets en blanc , étant remontée doré , manqua par une de ces négligences
qu'on regarde avec indifférence , et qui
font toujours repentir ceux qui les com-
mettent , l'aiguille qui avoit été ajou-
tée aux soixante minutes en passoit
plusieurs avant de faire détendre ; la surprise ne sortoit entièrement qu'à cinq
minutes , je dis entièrement , parce
qu'aux soixante le sautoir passoit et
restoit à moitié chemin , jusqu'à cinq

minutes, où il achevoit son effet, celui qui l'avoit remontée crut que la surprise étoit gênée dans l'étoile, diminua le bouton, en fit ensuite un plus gros, changea la forme du sautoir, le tout sans succès ; il dénatura ce qui étoit bien fait, et s'adressa à moi après avoir perdu bien du tems ; pénétré de son peu de succès, j'examinai l'étoile, le sautoir et la surprise séparément, puis leurs effets ensemble, et je vis clairement qu'au moment où l'étoile devoit passer un des rayons, elle venoit s'engager sous la pièce aux quarts, dont la tige avoit été iuclinée de ce côté en la posant à la platine, je la mis droite et tout fut réparé au grand étonnement du répétitionnaire, de voir corriger ce défaut par la tige de la pièce aux quarts, mais, dira-t-on, cela devoit s'apercevoir d'abord en faisant mouvoir l'étoile; point du tout, le frottement étoit si léger que l'effet ne se faisoit point par mouvement de la main, mais par celui du rouage, qui agissoit en faisant lever ce côté, car j'aperçus que l'étoile vacil-

loit, et que d'ailleurs cela n'arrivoit que
par quelques rayons sans doute plus éle-
vés ; ce cas qui n'est pas rare, étoit si
peu apparent qu'il étoit difficile de s'en
apercevoir, puisque le moindre mouvement de la main faisoit passer l'étoile.
Mais voici un cas qui produiroit le
même effet, et que peu de personnes
ont connu : on me consulta sur une
pièce qui ne détendoit pas à certaines
heures, sur le point de soixante, et
cela singulièrement, tantôt à une heure,
ou à six, neuf, etc. et qui faisoit bien
son effet à la main, il fallut suivre son
mouvement naturel. ayant levé le cadran et considéré le passage de la surprise, à toutes les heures, elle fit plusieurs fois le tour sans que j'y pusse
rien remarquer, mais ayant retourné
la chaussée à la main, et l'ayant laissé
ensuite continuer son mouvement naturel ; je vis enfin le moment où la
surprise avoit de la peine à sortir de
l'étoile même à cinq minutes. J'ai dit
plus haut qu'elle avoit plusieurs fois fait
le tour, sans que cela arrivât, par con-

séquent elle ne pouvoit pas être gênée par des inégalités entre les rayons de l'étoile, je conclus donc que la tige qui porte la chaussée étant mal ronde, produisoit cet effet; je levai aussitôt le balancier, pour la voir tourner, et par les écarts que je lui vis faire, j'en fus pleinement convaincu, en effet, ayant placé la surprise du côté où la tige s'avançoit, et la faisant agir doucement par le rouage, elle avoit de la peine à passer, au lieu que du côté contraire elle faisoit très bien son effet; pour mieux m'en convaincre, je démontai la pièce, et je remis la tige droite, alors elle ne manqua plus; quelques ouvriers en ce cas se seroient contentés de diminuer le bouton de la surprise, mais comme je voulois suivre cette cause, je ne regrettai point le tems qu'elle me coutâ; d'ailleurs c'est toujours un vice à corriger, qui produit un mauvais engrenage des roues de minutes.

Je vais rapporter un autre fait, qui quoique simple déconcerta un répétitionnaire consommé, car on pardonne tout aux novices. Il avoit remonté une répétition avec tous les soins possibles, et cependant, elle mécomptoit d'une heure, dans l'espace de trois jours sans qu'il y put rien connoître. Il consulta plusieurs personnes, et vint vers moi avec deux praticiens ; j'en fis avec eux un examen complet, et la trouvant partout en sûreté ; je m'avisai de compter les dents des roues de minutes, et je trouvai que celle de renvoi en avoit une de trop; voilà, lui dis-je, la cause de ce mécompte, refaite la roue, et votre pièce ira bien. Il fut consterné de n'avoir, pendant huit jours de recherches, pensé à une chose si simple et si naturelle ; il voulut me forcer à accepter une gratification que je refusai, ayant toujours été très satisfait, quand j'ai pu rendre de tels services ; j'ajouterai que si j'ai sacrifié, mon tems à tant de cas semblables, sans aucun intérêt, j'ai goûté une satisfaction que rien ne peut égaler.

Voici un autre cas de cette espèce,

d'une répétition de ces fabricans, qui se font autant de gloire à les établir à bon marché, que les autres à les faire bonnes , lesquelles néanmoins ont leur utilité, en ce qu'elles servent à instruire par le nombre de défauts qu'elles présentent ; ces fabrications servent aux horlogers qui se vouent aux répétitions comme les hôpitaux sont nécessaires aux médecins; mais il faudroit borner là leurs usages , et ne pas tromper les particuliers à qui on les vend pour bonnes. Je reviens à mon sujet ; on aura de la peine à le croire , quoique mes confrères m'áient assuré en avoir vu autant, la pièce étoit remontée dorée , et n'avoit jamais frappé les douze heures ; le remonteur avoit déjà enfoncé le limaçon au delà de la règle , et fait tout ce qu'on a accoutumé de faire lorsqu'on croit que la cause est dans le passage de la crémaillère , du poussoir, ou des poulies. Je commençai, suivant la bonne règle , à ôter l'étoile et son limaçon, celui des quarts, ainsi que la pièce aux quarts , et faisant re-

trograder le rochet , je vis qu'après
la dernière dent , la crémaillère alloit
plus loin ; je repoussai doucement en
comptant les heures par les chutes de
la levée , (car la pièce étoit dans la
boîte) , et n'en trouvai que onze ; ayant
répété l'opération ; j'ôtai aussitôt la
pièce pour compter les dents du rochet , il n'y en avoit que onze , je ne
doutai pas qu'il y en eût une de cassée , ce qui arrive quelquefois : l'ayant
examiné , je fus convaincu qu'il n'y en
avoit jamais eu d'avantage. Curieux d'apprendre comment la pièce avoit été
amenée à ce point , avec ce défaut ;
j'appris de mes confrères que le cas
n'étoit pas nouveau , et que l'erreur
pouvoit venir , ou de celui qui l'avoit
taillé on du faiseur de rouage , qui n'a-
voit pas voulu la refaire , que le quadraturier n'avoit pas eu le tems de les compter et taillant son limaçon à vue , toujours pressé d'achever, pour le peu d'argent qu'on lui donne, enfin, l'emboîteur
n'étant pas payé pour repasser la quadrature, s'étoit contenté de mettre son

poussoir de longueur sur la dernière dent qui détend, et les trois quarts frappant ; il n'avoit pas eu non plus le tems de compter les heures sur le limaçon comme cela se doit ; cette réparation couta cher au fabricant, et j'en pris occasion de l'exhorter à payer le tems de ses ouvriers, pour éviter de pareils désagrémens, mais j'appris qu'au contraire, il n'avoit réparé cette perte qu'en diminuant à ses ouvriers des prix déjà trop bas.

Arrêt des 12 heures.

Le point qui fixe la chaîne à la poulie cause souvent la difficulté de faire détendre la douzième heure, ou de la rendre très pénible ; ce qu'il y a de plus fâcheux c'est que ceux qui ne connoissent pas les règles de cette position attribuent à toute autre cause cette difficulté qu'ils ne tâchent de réparer qu'en dénaturant d'autres pièces : il y a eu des horlogers qui ont porté l'ignorance jusqu'à raccourcir la der-

nière

nière dent pour faire passer la levée ; c'est donc lorsque le trou de la poulie est trop bas , alors la chaîne ne peut plus la tirer ; il n'y a dans ce cas d'autre remède que de percer un trou au-dessus ; il faut que lorsque la dent a passé ce trou soit vis-à-vis le centre de la crémaillère , j'entends le centre de son mouvement qui est la tige , les quadraturiers tirent une ligne de ce centre à celui de la poulie , et y placent le point de la chaîne lorsque les douze dents du rochet ont fait tomber la levée , mais tous ne connoissent pas cette règle qui est invariable. On s'attend bien , qu'en déplaçant ainsi la chaîne cela fera détendre plutôt la levée , et donnera une heure ou deux de trop sur le limaçon , en proportion de la différence des positions de la chaîne ; il faudra alors diminuer la poulie de renvoi , ou allonger le bras de la crémaillère quand cela se peut.

R.

Autre arrêt des 12 heures.

Celui-ci quoique simple et le plus apparent, a causé le renversement de toute la quadrature, parce qu'on ne le soupçonne pas, il n'y a que des yeux accoutumés à voir continuellement différentes pièces qui l'apperçoivent d'abord. On sait que les chaînes sont sujettes à s'allonger; c'est dans ce cas que plusieurs pièces mécomptent après quelque tems de service ; lorsque la pièce qui ramène les quarts, les prend trop tard, le derrière vient toucher la cheville de la pièce au quart, quand on fait frapper les 12 heures et empêche de pousser avant pour faire décrocher la pièce aux quarts et rien ne frappe ; l'arrêt est quelquefois si foible qu'on voit reculer le tout-ou-rien, mais pas assez pour faire détendre ; ce qui fait que plusieurs diminuent l'accrochement; la pièce aux quarts tombe et les douze heures ne frappent pas, parce que cet arrêt a empêché qu'on ne pous-

sât assez avant la crémaillère; s'il n'y
avoit pas de quoi reculer la pièce qui
ramène, on en fera une qui, prenant
plutôt les quarts, laissera de l'intervalle
pour les 12 heures.

Embarras d'une autre espèce.

Un de nos repasseurs, après avoir
perdu bien du tems à une répétition,
perdit aussi l'espoir de lui faire frapper
non pas les douze heures, mais seulement onze ; il n'en put jamais avoir
que dix; la crémaillère arrêtée par l'entrée de la platine, le tatoir et le poussoir même touchoient la grande roue,
et le barillet; de plus, la crémaillère
venoit encore toucher plusieurs pièces
de la quadrature; on ne pouvoit pas
raccourcir la chaîne par l'anneau, parce
que la crémaillère qui, dans ce cas,
remonte plus haut, ne le pouvoit plus;
le poussoir ne pouvoit lui faire place,
il consulta et reçut plusieurs avis dont
le dernier qu'il venoit me faire exécuter, étoit de refaire un rochet des heu-

R 2

res avec des dents plus petite; ce qui auroit entraîné la perte du limaçon, dont on n'avoit point parlé, et peut-être celle de la levée, qu'il auroit fallu faire plus fermée; la pièce qui ramène les quarts, les auroit pris trop tard; qu'on juge de l'embarras, sans parler de celui de manier une pièce remontée proprement, et qui doit partir, c'est ici ou je voudrois entendre nos raisonneurs sans théorie, ni pratique, qui détruisent les quadratures pour les réparer : il en est bien peu qui pensent à l'expédient, dont je me servis, sans ôter seulement la pièce de sa boîte, je l'indique avec autant de plaisir que j'en procurai au porteur, de la pièce en la lui remettant deux heures après, bien fonctionnante.

La petite poulie étoit grande, puisque le poussage étoit long : je la diminuai d'un demi-maillon de chaîne, et faisant un anneau proportionné, la crémaillère eut moins d'espace à parcourir pour atteindre les 12 heures, et revint plus vite après les trois quarts, ensorte qu'il y eut de la sûreté partout; mais il fallut allonger un peu le bras de la crémaillère.

Pour bien comprendre cet effet, il faut observer que plus la poulie (j'entend celle du rochet) enveloppe de chaîne, et plus elle fait faire de chemin à la crémaillère. Or, en diminuant son diamètre, on diminue aussi la longueur de la chaîne, par ce moyen la crémaillère fera rétrograder le rochet, par un moindre espace ; c'est ce diamètre de la petite poulie qui décide la longueur du poussage, relativement à la crémaillère.

Arrêt inattendu du mouvement.

Une répétition, après avoir servi quelque tems mécompta en frappant une heure de moins, également à toutes les heures comme cela arrive souvent par l'allongement de la chaîne. L'horloger fit ce qui lui paroissoit naturel, raccourcit le bras de la crémaillère. Enfin il eut bientôt réparée ; mais quel fut son étonnement quand le lendemain il trouva sa pièce arrêtée, il n'y avoit aucune apparence que ce fût la quadrature ; il n'avoit pas touché le mouvement qui ne s'étoit jamais arrêté et auquel on n'appercevoit non plus aucune cause qui pût l'arrêter ; cependant il leva le balancier, et le rouage se développa très bien, puis la pièce marcha de même et continua de s'arrêter quelques heures après : sur le rapport qu'il me fit de n'avoir fait autre chose que de raccourcir le bras de la crémaillère, j'observai que par ce moyen il obligeoit cette pièce à pénétrer plus avant dans la cage, ainsi que le poussoir, que l'un ou l'autre pouvoit avoir atteint la grande roue de fusée et y avoir cassé des dents : j'ôtai le mouvement de la boîte, et poussant à midi, je vis clairement que le poussoir donnoit sur les dents de la roue j'ôtai le balancier pour les examiner toutes, et je trouvai, en effet, qu'il y avoit, non pas des dents cassées, mais assez courbées pour accrocher, je pus les redresser suffisamment pour les faire passer , et m'assurer qu'il n'y avoit pas d'autre cause , ce qui réussit très bien , mais je lui conseillai de la démonter pour mieux réparer ce désordre sans oublier de faire au poussoir le passage nécessaire.

J'ai vu de pareils cas qui n'avoient paru qu'après plusieurs mois de service, parce qu'on n'avoit pas poussé à midi. Ils sont très fréquens aux pièces communes , parce que , comme je l'ai dit plus haut , les repasseurs étant pressés d'achever , ne font que le plus apparent; le payement de ces sortes d'ouvriers devroit être illimité, puisqu'il est vrai qu'il n'y a aucune répétition sortant de nos meilleures fabriques, où un connoisseur habile ne trouvât beaucoup à travailler.

Arrêt par la clef du rouage.

Il y a peu de praticiens qui n'aient vu une foule de pièces arrêtées par la clef du rouage, et il semble qu'on la dispose de manière à produire cet effet,

R 4

en donnant au particulier le moyen pour cela ; puisqu'elle ne doit agir que par la main de l'horloger. Ne seroit-il pas suffisant qu'elle fût faite à la mode des Anglois, comme la tête d'une vis, alors le particulier ne pourroit y toucher ; ce ne seroit rien encore, si on avoit soin de les faire de manière qu'elle ne pût ni arrêter le rouage, ni casser des pivots en bornant son mouvement ; car un grand nombre, n'ont pas seulement une aiguille ou index. Un pariculier qui s'avisa de tourner cette clef, et qui cassa le pivot du délai, s'en plaignit à moi ; deux de nos fabricans m'ont assuré qu'on leur avoit renvoyé des pièces de très loin, pour remédier à ce mal : on le voit tous les jours, et on ne s'en corrige point ; j'entends sur la généralité ou le courant, car je n'ai garde d'en accuser les repasseurs soigneux qui y mettent ordre de bonne heure.

Cas imprévu.

Un particulier se plaignit que sa répétition, qui avoit toujours bien fonc-

tionné, ne frappoit plus aux indications
du cadran à l'heure juste ; et même 5
minutes après, elle frappoit encore
l'heure précédente, les trois quarts, et
ainsi de suite à tous les quarts. Je tournai
aussitôt les aiguilles, et j'entendis qu'en
effet la surprise ne détendoit qu'à cinq
minutes ; puis, faisant tomber la pièce
aux quarts sur le plus haut degré de
son limaçon, et continuant à tourner
les aiguilles, je l'entendis tomber cinq
minutes après chaque quart, puis sans
laisser frapper, et tenant toutes les pièces
descendues par le poussoir, je tournai
encore les aiguilles, qui étoient aux cinq
minutes, le limaçon joignoit la pièce
aux quarts qui devoit arrêter fortement,
s'il avoit été bien rivé à la chaussée
qui tourna seule, avec quelque peine ;
sans aller plus loin, je demandai au propriétaire de la pièce, si pendant qu'elle
frappoit 12 heures et trois quarts, il
n'avoit pas tourné les aiguilles ? Il me
répondit que c'étoit l'heure, qu'il la
remontoit et l'accordoit à sa pendule
quand il y avoit des écarts ; qu'il avoit

senti quelque résistance dans ce moment. On comprend bien que je n'eus pas beaucoup de peine à la réparer, en retournant la chaussée que je fis tenir solidement : j'observai que cette pièce frappoit lentement, ce qui me donna le tems de tourner les aiguilles ; le même effet auroit pu se faire, en rétrogradant par le degré du second quart, que la pièce au quart auroit arrêté ; alors elle auroit frappé l'heure juste, avant les soixante minutes, suivant ce qu'on auroit rétrogradé.

On voit par là que la moindre négligence peut déranger toutes les fonctions des répétitions, et je suis persuadé que la plupart des repasseurs, même les plus soigneux, ne pensent pas à s'assurer de la solidité du limaçon des quarts sur la chaussée, ce que l'on fait facilement en visitant tous les degrés du limaçon, par la descente de la pièce aux quarts, en tournant avec force la chaussée pendant que l'aiguille y est.

Mouvement des aiguilles en poussant la répétition.

Il n'est pas rare de voir des répétitions qui, à certaines heures, ou minutes, lorsqu'on pousse pour les faire répéter, dont les aiguilles tournent et s'avancent de quinze minutes ; plusieurs causes peuvent produire cet effet ; les plus ordinaires sont lorsque la goutte de la surprise est relâchée, et lorsque la crémaillère vient remonter le bouton et la pousse avec elle.

Quand la clef de la crémaillère est desserrée, le bras s'élève, et produit le même effet ; ces cas sont aisés à reconnoître et à réparer ; mais celui qui embarrasse les ouvriers qui ne connoissent pas les principes de la quadrature et qui est difficile à connoître ainsi qu'à corriger, c'est lorsque l'appui du bras de la crémaillère sur le limaçon, le fait tourner au moment où la surprise est engagée dans l'étoile, et la fait par conséquent tourner avec l'aiguille. Ce cas arrive lorsque le bras de la crémaillère n'est pas dirigé sur la ligne du centre du limaçon ; s'il passe au-delà, il fera avancer l'aiguille, comme il la fera reculer si elle est en dedans, il n'y a de remède qu'en remettant ce bras au milieu du limaçon, soit en replaçant la crémaillère, ou en courbant le bras.

De quelle manière on doit chercher les causes qui arrêtent les fonctions des montres à répétition.

Si le poussoir est remonté en son repos, on doit soupçonner que l'arrêt est au mouvement ; on l'ouvrira pour voir s'il y a accrochement du balancier, ou de quelques roues ; si le poussage se présente libre, allant et venant, la cause est dans la quadrature, et on ne la cherchera point ailleurs ; on lèvera le quadran, et on trouvera que la pièce aux quarts étant descendue sur le limaçon n'a pas remonté, et a arrêté par conséquent toutes les fonctions : les causes de cet arrêt seront : 1.°, ou par l'engourdissement du rouage ;

2.° par l'élévation de la pièce qui ramène qu'on aura oublié de goupiller
ou que la goupille sera tombée ; 3.° par
la chute de la broche de la pièce aux
quarts par laquelle elle est ramenée ;
4.° quand la tige qui la porte s'est desserrée, et qu'elle s'accroche dans ses
extrémités ; 5.° lorsqu'elle est gênée sur
sa tige par des huiles épaisses, par des
saletés ou par un ressort trop fort qui la
retient avec ceux des marteaux, et
que le moteur ne peut vaincre; 6.° lorsque la tige du centre aura pris du jeu,
la pièce aux quarts étant descendue
un peu plus bas, le bras qui ramène
n'aura pas assez de prise, et s'arcbou-
tera contre la broche ; ils seront par
là tous deux en arrêt. Enfin, si l'une
ou l'autre des levées n'est pas ramen-
née par son ressort, elles peuvent se
présenter en opposition contre la pièce
aux quarts et l'arrêter.

Tous ces cas d'arrêt peuvent être
soupçonnés d'abord quand l'aiguille est
à cinquante-huit ou cinquante-neuf minutes. Lorsque la chaîne se casse ou

se décroche, la crémaillère reste au fond du limaçon et s'arrête contre ; alors la pièce est en arrêt à 12 heures et 58 minutes.

Si une répétition tombe du côté du cadran, que le verre se casse, la tige qui porte les aiguilles se courbe, la pièce s'arrête par la surprise qui force dans l'étoile et qui s'y retient.

Lorsqu'au contraire une répétition tombe sur son fond s'il y a seulement un léger enfoncement, le timbre ou sa vis gêne le balancier, et l'arrête, on le reconnoît lorsqu'en ouvrant elle marche.

Si l'un des marteaux s'est desserré en frappant et va toucher quelques roues, l'arrêt est inévitable, et il est aisé à reconnoître en ce qu'il est gêné au point de ne pouvoir pas être renvoqé par son ressort. Si le grand marteau est libre dans la cage il arrête aussi le mouvement, parce que le ressort s'est cassé, ou qu'il a échappé la broche, ou que celle-ci est tombée ou s'est cassée.

Lorsque la levée d'heure rencon-

tre en ligne droite l'extrémité d'une
dent du rochet qui n'est pas bien arrondie en pointe elle s'arcboute et
l'arrêt en est très fort ; ce cas arrive
lorsqu'il y a des degrés du limaçon
trop enfoncés.

Quand le sautoir s'est roidi , ou
lorsque son ressort s'est relâché , ou
est hors de place , l'étoile n'étant pas
dans son état de repos , elle présentera un rayon contre la surprise et
fera une opposition assez forte pour
l'arrêter , et par la même tout le mouvement.

Si la tige qui porte la roue des minutes est desserrée , ou même quand
elle vacille trop elle gênera le passage
du limaçon et l'arrêtera.

Lorsque la goutte qui retient la surprise, vient à se relâcher , la surprise
descendra et s'arrêtera , ou contre la
crémaillère ou contre le limaçon des
heures.

Lorsqu'un arrêt est soupçonné à la
quadrature sans cause apparente , on
doit desserrer les tiges et les vis qui

donnent sur des roues, lesquelles peuvent avoir pris du jeu et toucher aux tiges excédentes; par exemple, la roue de fusée étant relâchée, les dents viendront, par fois, s'arrêter contre la tige de la crémaillère, le barillet sur celle de la poulie, la roue du centre sur la clef de la crémaillère, ou sur la tige des minutes; la petite roue moyenne sur les tiges du tout — ou rien, etc. : par ce moyen on trouvera les véritables causes d'arrêts qu'on chercheroit long-tems ailleurs.

On ne doit jamais faire aucune réparation qu'après avoir fait un examen complet de toutes les causes qui peuvent former des arrêts, et s'être assuré de l'existence de celle qu'on veut réparer.

Comment on doit faire l'examen des répétitions pour s'assurer de leurs effets.

On les fera frapper avant d'ouvrir la lunette, sur un plan horizontal, qui est

le

le plus ordinaire , en les tournant de tous les côtés , parce qu'il y en a qui, étant renversées, s'arrêtent , ou frappent avec plus ou moins de vîtesse , ensuite pendues par la boucle , et enfin élevées sur le poussoir qui est la plus forte épreuve , parce qu'elles ont tout leur poids à vaincre. Si , dans cet état, elles frappent librement les douze heures et les trois quarts ; on doit être assuré qu'elles ne manqueront pas leurs fonctions dans les positions ordinaires, et toute pièce bien constituée doit résister à cette épreuve.

Pendant qu'une répétition frappe les douze heures , on pressera la boîte en divers endroits ; pour voir si elle ne comprime point quelque pièce qui fait arrêter ou gêner sa marche , ce qui arrive particulièrement lorsque les boîtes sont légères.

On fera encore frapper les douze heures à cinquante-neuf minutes et demie pour voir si la surprise ayant amené le limaçon au point de changer l'heure , permet encore à la crémaillère

S

de pénétrer au fond du degré douze ; et si pendant le tems qu'elle met à remonter, le limaçon s'avance pour présenter l'heure juste, on poussera sur ce degré assez fort pour s'assurer qu'il ne rétrograde pas; ce passage étant le plus difficile de la quadrature, on doit y apporter une scrupuleuse attention. On fera frapper contre la sourdine, en pressant doucement le bouton pour observer s'il y a bien de l'intervalle entre le bras de la sourdine et le ressort, ou s'il n'y en a pas assez, ce qui gêneroit l'action des marteaux sur le timbre ; si les deux marteaux se font bien sentir au doigt, on pressera ensuite très fort pour connoître s'il y a un arrêt qui l'empêche de faire trop lever les marteaux, on observera si elle revient librement, et ne s'engage point avec les levées ou autres pièces, on verra si le faux étui ne presse point trop le bouton au point d'intercepter les coups des marteaux.

On observera attentivement si le faux étui ne cause point de changement aux coups des marteaux , et aux vibrations des timbres en comprimant la boîte en quelques parties ; ce qui fait avancer ou reculer les marteaux ou le timbre ; cela arrive lorsqu'ils ne sont pas ronds , que les boîtes sont légères et les platines trop libres dans les bates : il en sera de même lorsque les verres ne sont pas ronds , et les lunettes foibles ; ils feront changer l'effet des coups de marteaux. J'ai souvent changé l'harmonie à des répétitions en changeant le verre.

On ôtera le faux étui , on ouvrira la lunette , et on examinera l'effet de la toque , en la tirant à la moitié de son chemin , on la fera frapper , pour voir si en cette position , l'un ou l'autre des marteaux ne s'engage point avec elle ; puis on la tirera entièrement pour s'assurer que les marteaux donnent en plein dessus , et qu'elle n'est pas trop libre pour s'éloigner en frappant , et toucher le timbre. Dans cet état on ouvrira le mouvement pour voir si en refermant, les marteaux ne sont point retenus par la toque, ce qui a fait casser des pivots aux tiges des marteaux qu'on vouloit forcer d'entrer. On verra le ressort de fermature qui peut gêner le grand marteau tant en ouvrant que dans son repos, si la lunette ne le fait point rentrer, et intercepte les coups de marteaux. J'ai vu des horlogers chercher par tout cette cause qu'ils ne soupçonnoient pas ; on examinera le poussoir s'il n'est point trop court, s'il fait détendre les douze heures et demie librement, et laisse frapper les trois quarts avec l'accrochement du tout-ou-rien ; pour cet effet on poussera à la moitié pour s'assurer que la pièce aux quarts est accrochée, que, par conséquent il ne doit pas frapper. On verra si après avoir poussé à douze heures, il pourroit encore pousser la crémaillère, en cas d'allongement de la chaîne, s'il se meut avec douceur sur sa longueur, et remonte de lui-même sans être obligé de le retirer. On ouvrira ensuite le couvert de la boîte pour examiner les fonctions de la quadrature. On tournera les aiguilles avec la clef, pour observer si l'heure ne change pas au point des 60 minutes, à chacune des 12 heures, ce que l'on doit entendre distinctement; s'il y avoit des heures où cet effet se fît plutôt ou plus tard, ce seroit une preuve que l'étoile n'est pas bien égale. On visitera ensuite le limaçon des quarts dans ses divisions, ce qui se fait en mettant l'aiguille à cinq minutes, et en poussant pour faire détendre la pièce aux quarts, on retiendra le rouage par le poussoir, d'une main, pour tourner par l'autre doucement l'aiguille, afin d'entendre tomber la pièce aux quarts, au point juste de chaque quarts.

On fera frapper ensuite l'heure juste pour voir s'il y a assez de sûreté pour ne point donner de coup de trop; on en fera de même à chaque quart pour voir si les degrés sont justes, et ne frappent ni plus ni moins, et comme il y a des limaçons dont les degrés ne sont pas entaillés bien concentriquement, on fera bien de faire frapper à divers endroits ; la même observation doit se faire pour le limaçon des heures, si elle frappe bien l'heure indiquée on tournera l'aiguille sur 55 ou 59 minutes ; en faisant frapper en ces endroits, elle donnera quelquefois une heure de plus, ou une heure de moins, parce que la surprise ayant déplacé le limaçon, lui fait présenter le derrière du degré qui étant plus enfoncé fera frapper une heure de plus, et si elle est moins ; elle frappera une heure de moins ; un grand nombre de pièces conservent long-tems ce défaut qui n'est connu que lorsqu'on fait frapper en cet endroit. Il reste encore quelques défauts qu'on n'a pas encore pu corriger, tel, par exemple, que celui de faire rétrograder l'heure dans un court espace ; lorsqu'un propriétaire de répétition, qui a tout fait pour avoir une pièce assurée, vient à faire rétrograder l'aiguille de cinq minutes après l'heure ; s'il pousse en ce moment elle lui frap-

pera l'heure passée, au lieu de celle indiquée par les aiguilles, parce que la
surprise n'a pas eu le tems de faire
rétrograder le limaçon ; le propriétaire
se plaint alors que sa pièce ne frappe
pas à l'indication ; c'est pourquoi il
convient d'instruire de ce défaut ceux
qui en achètent ; en attendant qu'on
trouve le moyen d'opérer ce changement, au moins en une minute, et
que je crois très possible.

FIN.

TABLE

Des Leçons contenues dans cet Ouvrage.

Fin de la Table.